RÉSUMÉ

DE L'HISTOIRE

DE LA CHINE,

PAR M. DE S***,

SECONDE ÉDITION.

PARIS,

LECOINTE ET DUREY, LIBRAIRES,

QUAI DES AUGUSTINS, N° 49.

1825.

EXTRAIT DU CATALOGUE

DES

LIBRAIRES LECOINTE ET DUREY,

QUAI DES AUGUSTINS, N° 49.

OEuvres complètes de madame la comtesse de Genlis; 80 vol. in-12. 195 fr.

Chacun des ouvrages qui les composent se vend séparément, in-12 ou in-8o. Les Veillées du chateau viennent d'être réimprimées en 4 vol. in-12, ornés de douze belles figures, par M. Chasselat. Le succès soutenu de cet ouvrage le recommande assez.

Histoire de la révolution française, par M. Thiers; 4 vol. in-8°.   26 fr.

ROMANS.

Pen owen; 4 vol. in-12.   10 fr.
Sir André Wylie.   10 fr.
Les lairds de Grippy.   10 fr.
Le comédien ambulant.   10 fr.
Le duc Christian de Lunebourg; par miss Anne Porter; 4 vol. in-12. 12 fr.

Ces romans sont tous traduits par le traducteur de sir Walter Scott.

3*

(2)

Le Père et la Fille; 1 vol. in-12, papier superfin.   3 fr. 50 c.

Complément du Mémorial de Sainte-Hélène, orné d'un fac - similé; par O'Méara; troisième édition; 4 vol. in-12.   12 fr.

OEuvres complètes de Massillon; 13 vol. in-8°, ornés d'un beau portrait de Massillon.   91 fr.

Précis de l'histoire universelle, par Anquetil; 12 vol. in-18.   25 fr.

Études sur l'origine des assemblées représentatives en France et en Angleterre; par M. Félix Bodin. (Lues à l'Athénée royal de Paris, en 1822.) 1 vol. in-18.   2 fr.

Diatribe contre l'art oratoire; par le même; 1 vol. in-18.   1 fr. 50 c.

Essai sur l'indifférence en matière de religion; par M. l'abbé de La Mennais; tomes III et IV in-8°.   14 fr.

PARIS, IMPRIMERIE DE LEBEL, IMPRIMEUR DU ROI, Rue d'Erfurth, n° 1.

RÉSUMÉS

DE L'HISTOIRE

DE TOUS LES PEUPLES,

ANCIENS ET MODERNES.

CHACUN des auteurs s'étant chargé de l'histoire dont il a fait une étude SPÉCIALE, et la plupart connaissant également la littérature et la législation du peuple dont ils résument les annales, cette collection sera absolument neuve par le plan et par l'exécution; elle formera une HISTOIRE UNIVERSELLE nécessairement supérieure à toutes celles qu'un seul auteur a pu essayer dans cette forme. Elle offrira en outre cet avantage, qu'on pourra acheter SÉPARÉMENT chacun des volumes qui la composeront,

2 *

et se former ainsi une PETITE BIBLIOTHÈ-QUE HISTORIQUE aussi étendue qu'on le voudra, en négligeant les peuples qu'on sera le moins curieux de connaître.

Cette collection formera quarante ou cinquante volumes IN-DIX-HUIT, bien imprimés, en caractère semblable à celui-ci, avec les dates en marge, et une table chronologique à chaque Résumé. Le prix de la plupart des volumes sera de DEUX FRANCS; quelques-uns, à cause de leur dimension, seront plus chers.

Ont déjà paru les suivans :

Résumé de l'histoire de France, par M. Félix Bodin; sixième édition. 2 fr.

— d'Espagne, par M. Alph. Rabbe, avec une Introduction par M. Bodin; troisième édition. 3 fr. 5o c.

— d'Angleterre, par M. Félix Bodin; troisième édition. 2 fr.

— des États-Unis d'Amérique, par M. Barbaroux; deuxième édit. 2 fr. 5o c.

— de Hollande, par M. Scheffer; deuxième édition. 2 fr.

Résumé de l'histoire de l'Empire germanique, par M. Scheffer; deuxième édition. 2 fr.

—des Croisades, par M. de Saint-Maurice. 2 fr. 5o c.

— du Portugal, par M. Rabbe, avec une Introduction par M. Chatelain; deuxième édition. 3 fr.

— de Pologne, par M. Léon Thiessé; deuxième édition. 2 fr. 5o c.

— de Danemarck, par M. Lami; deuxième édition. 2 fr. 5o c.

— de Chine, par M. de Senancour.
— de Suède, par M. Charles Coquerel.
2 f. 5o c.

Sont sous presse ou paraîtront à des époques plus ou moins rapprochées, les Résumés suivans :

Belgique, par M. Guyet; Russie, par M. Rabbe; Suisse, par M. Ph. Chasles; Juifs anciens, par M. Léon Halevy; Lombardie, par M. T.; Venise, par M. Artaud; Grèce moderne, par M. Triantaphyllos; Naples et Sicile, par M. Année; Perse, par M. Raffenel; Piémont, Gênes et Sardaigne, par

M. Avenel; États de l'Église, par M. Santo-Domingo; Mexique, par M. Ayeard; Brésil, Guyane et Paraguay, par M. Ferdinand Denis; etc., etc.

M. Cauchois - Lemaire s'occupe d'un Résumé de l'histoire de l'Église, et M. Thierry aîné termine un résumé de l'histoire de la restauration des Stuarts.

Ces Résumés, et quelques autres, destinés à exposer les principales révolutions politiques et religieuses qui ont aidé la marche de la civilisation, formeront un complément très-utile à l'histoire de chaque peuple.

On souscrit, sans rien payer d'avance, ou l'on achète les Résumés séparément, chez les éditeurs LECOINTE ET DUREY, libraires, quai des Augustins, n° 49, et chez tous les libraires de la France et de l'étranger.

PARIS, IMPRIMERIE DE LEBEL, IMPRIMEUR DU ROI,
Rue d'Erfurth, n° 1.

RÉSUMÉS

DE L'HISTOIRE

DE FRANCE,

PAR PROVINCES.

EXTRAIT DU PROSPECTUS.

On connaît le défaut d'unité de notre histoire, qui, pendant plusieurs siècles, a autant de centres divers qu'il existait de duchés et de comtés; ce sera donc la présenter sous un aspect vraiment neuf et utile, que de la montrer ainsi divisée et telle que la féodalité l'avait faite : après avoir vu chacune des parties, on pourra mieux se rendre compte du tout. Apprendre l'histoire de sa province natale ou de celle qu'on habite, en même temps que l'histoire de la France, ne sera point une étude sans profit. Toutefois le passé ne sera pas seul interrogé dans ce recueil.

1*

Les notions les plus curieuses sur la statistique de chaque circonscription historique, sur l'état physique, les progrès de l'industrie agricole ou manufacturière, les établissemens publics ou particuliers, la valeur des propriétés, y seront présentées sommairement, et le tableau des mœurs et du caractère des habitans n'y sera point négligé.

Cette collection paraîtra à la librairie de Lecointe et Durey, quai des Augustins, n° 49. Elle sera, en grande partie, l'ouvrage des auteurs de la *Collection de Résumés de l'histoire de tous les peuples*. Imprimée également in-18, avec le même soin, elle formera au plus 22 volumes, dont le prix variera de 2 à 3 fr., et qu'on pourra acheter séparément. Chaque Résumé ne formera qu'un volume. Plusieurs sont sous presse.

PARIS, IMPRIMERIE DE LEBEL, IMPRIMEUR DU ROI,
Rue d'Erfurth, n° 1.

RÉSUMÉ

DE L'HISTOIRE

DE LA CHINE.

PARIS, IMPRIMERIE DE COSSON, RUE GARANCIÈRE.

RÉSUMÉ

DE L'HISTOIRE

DE LA CHINE,

PAR M. DE S***.

SECONDE ÉDITION.

PARIS,

LECOINTE ET DUREY, LIBRAIRES,

QUAI DES AUGUSTINS, N° 49.

1825.

TABLE

CHRONOLOGIQUE.

PREMIÈRE PARTIE.

Epoques reculées et peu connues. Environ sept siècles, peut-être, et neuf princes, en n'admettant pas ceux que quelques historiens placent entre Chin-nong et Hoang-ti.

SECONDE PARTIE.

Près de vingt siècles, occupés par les quatre premières dynasties impériales.

Celle des Hia. Dix-huit monarques ; 439 années.

Celle des Chang. Trente princes, dont les onze derniers prennent le nom de Yn ; 644 années.

Celle des Tcheou. Trente-huit monarques et un régent ; 867 années.

Celle des Tsine. Six princes ; 49 années (1).

---

(1) On ne s'attache pas à concilier entièrement les diverses chronologies : ces variations restent étrangères à l'objet d'un simple aperçu. Les tables du P. Couplet donnent, par exemple,

TROISIÈME PARTIE.

Près de quinze siècles ; environ quatre années d'anarchie, et quinze dynasties impériales.

Des Han (la 5e). Elle commence l'an 202 avant notre ère. Trente-deux monarques ; 422 années.

Des Heou-han ou des Han-postérieurs (la 6e). Elle se rattache à la dynastie précédente. Deux monarques ; 42 années. (Deux autres dynasties de princes regardés comme usurpateurs, les Ouei et les Ou, subsistent en même temps.)

Des Tcin (la 7e). Elle comprend les Tcin occidentaux, puis les orientaux après que la cour a été transférée à Nanking : elle commence l'an 265 de notre ère. Quinze monarques ; 156 années.

à la dynastie des Hia, dix-sept princes en 458 années ; à celle des Chang, vingt-huit au lieu de trente ; à celle des Tchcou, seulement trente-cinq princes, mais 873 années ; enfin trois princes seulement à celle des Tsinc. Des monarques ont été proclamés sans être reconnus généralement ; d'autres, étant morts au bout de quelques mois, n'ont pas été comptés, etc.

Des Song (la 8e). Ile commence l'an 420 ; mais elle n'est reconnue, ainsi que les trois dynasties suivantes, que dans la partie méridionale de la Chine. Neuf monarques ; 60 années.

Des Tsi (la 9e). Elle commence l'an 480. Sept princes ; 23 années.

Des Léang (la 10e). Elle commence l'an 503. Cinq princes ; 54 années.

Des Tchin (la 11e). Elle commence l'an 557. Cinq princes ; 24 années.

Durant les 161 années qu'embrassent ces quatre dernières dynasties, et durant quelques-unes des années précédentes, les Chinois du nord obéissent à la famille impériale des Yuen-ouei, ou des Tatars Topa, qui, se divisant ensuite, forment d'un côté la dynastie des Ouei orientaux, que les Petsi remplacent promptement, et de l'autre celle des Ouei d'occident, auxquels succèdent les Heou-tchcou. On appela ce partage de la Chine en deux grands états le Nan-pe-tchao.

Des Soui (la 12e). Elle commence en 581. Quatre princes ; 38 années. Tout le pays est réuni sous la même loi.

Des Tang (la 13e). Elle commence en 618. Vingt monarques ; 290 années.

Vers la fin de la dynastie des

Tang, ou après sa chute, s'élèvent treize royaumes indépendans, qui ont peu de durée : celui de Ou-yuei est le seul qui subsiste 84 ans.

Des Heou-léang.
Des Heou-tang.
Des Heou-tcin. } Quinze règnes ; près de 53 années.
Des Heou-han.
Des Heou-tcheou.

La Chine est alors très-agitée ; aucune de ces cinq dynasties, appelées les cinq familles postérieures, et qui passent rapidement, ne parvient à étendre sa domination.

Des Song (la 19e). Pour distinguer celle-ci de la 8e, on la nomme la grande dynastie des Song ; elle commence en 960. Dix-huit princes ; 319 années.

Les chefs des Tatars Khi-tan, tribu des Leao, possèdent une partie de la Chine avant le commencement de la dynastie des Song, et pendant long-temps ils résident à Pe-king.

L'an 158 de la dynastie des Song, d'autres Tatars, les Kin, ancêtres des Manchous, font alliance avec les Song, contre les Tatars Leao.

Les Mongols, qui ont dépendu des Kin, les remplacent. Leur dynastie commence l'an 1202, mais elle n'éteint la dynastie des Song qu'à la fin de 1279, et elle ne possède qu'à cette époque la Chine entière.

QUATRIÈME PARTIE.

Temps modernes; Dynasties.

Des Yuen, ou des Mongols (la 20e). Elle commence avec l'année 1280. Dix princes; 88 années.

Des Ming (la 21e). Elle commence en 1368. Dix-sept princes; 276 années.

Des Tsing, ou des Mandchous (la 22e). Elle commence pour la Chine en 1644.   princes;   années.

RÉSUMÉ

DE L'HISTOIRE

DE LA CHINE.

En publiant un ouvrage historique plus étendu ou plus savant, on pourrait examiner si les convenances réelles à cet égard sont bien celles que réclament la plupart des critiques; s'il est vrai qu'il faille toujours intéresser vivement; si l'histoire romanesque ne serait pas au-dessous même des romans historiques; si enfin, quand on s'arrange pour obtenir une sorte d'unité ingénieuse, on n'altère pas le vrai, seule nécessité de l'histoire, et seul principe de tout travail sérieux.

Subordonner des faits multipliés à de certains événemens qu'on affectionne dans des vues systématiques, c'est substituer un simple jeu de l'esprit à une relation fidèle et instructive. Ceux qui n'approuvent qu'une histoire toute dramatique auront pour auxiliaires nos secrets penchans ; mais sans doute ils hésiteraient eux-mêmes si l'habitude ne contribuait pas à leur persuader que de célèbres historiens, imités vingt fois parce qu'on ne pouvait guère alors en imiter d'autres, doivent rester à jamais les seuls modèles. Au lieu d'apprécier les choses conformément à leurs fins, on en juge par le succès ; on croit beaucoup faire si on l'obtient en éveillant une oisive curiosité. Plaire avant tout, voilà le précepte qu'on écoute ; mais un temps plus grave approche, et il se trouvera que cette maxime n'aura guère inspiré que des ouvrages d'un jour. Selon les critiques dont je parle, il s'agit tellement de captiver et non de convaincre, d'éluder les difficultés au lieu de les éclaircir, d'orner les récits au lieu de les rectifier, qu'ils préfèrent même qu'on ne cite pas les autorités, et qu'on néglige les preuves : l'essentiel est d'entraîner ou de subjuguer par un certain charme dans la narration. Trompez, disent-ils, pourvu que vous trompiez agréablement : l'art renferme tout, la vérité est peu de chose.

Il suffit ici d'indiquer ces considérations et d'en laisser entrevoir toute l'utilité. On s'abstiendra de faire croire qu'on prétende donner expressément des règles pour les compositions historiques. Cette théorie serait trop déplacée en tête d'un morceau qu'on ne devrait offrir ensuite que s'il approchait de la perfection, tandis que celui-ci ne pourra être qu'une ébauche rapide.

On a comparé aux îles Britanniques celles du Japon, qui nourrissent aussi un peuple fier et nombreux à l'autre extrémité de l'ancien monde. On peut observer de même que, sur la côte opposée, la Chine semble répondre au continent de l'Europe, mais seulement par son importance, et parce qu'elle se distingue aussi du reste du globe. Elle contraste avec les états de l'Occident ; c'est une autre industrie, ce sont

d'autres penchans, d'autres maximes,
autant que le permettent les lois uni-
verselles du cœur humain : la terre entière n'a pas vu peut-être, dans le
cours des siècles, deux régions civilisées d'un esprit aussi différent. Ce sujet
demandera quelques remarques particulières, malgré les limites dans lesquelles se renferme un résumé. On
avait déjà des histoires peu étendues de
la plupart des pays importans ; mais la
Chine ayant été omise en cela, ce
précis ne doit pas être exclusivement
politique : il présentera quelques traits
d'un tableau plus général. Là se re-
trouvent nos violences, nos passions,
nos désastres, mais on n'y connaît
guère nos intrigues diplomatiques ; les
travers ne sont pas les mêmes, et,
dans l'intérieur, des révoltes subi-
tes ou une résignation plus ordinaire
remplacent nos longs débats sur les
droits obscurcis par les abus. Les vicissitudes dont la Chine a été le théâtre ne
se rattachent pas à celles de l'Europe :
les dynasties se succèdent sans qu'on
voie beaucoup de changement dans les

destinées de la nation. Les vues uniformes, et en général la stabilité du système politique de la Chine, proviennent de ce qu'il a eu de généreux, comme l'a dit un Anglais, de ce qu'il a eu de satisfaisant dès le principe, et avec une durée que l'isolement favorisa : c'est à cause de ce consentement de la raison que les esprits s'habituèrent à une langueur plus douce du moins que le découragement où le despotisme les jetait dans d'autres contrées.

Les siècles historiques de la Chine semblent remonter assez haut pour laisser peu d'espace à des traditions antérieures, dont nul ne pourrait écarter l'incertitude. Cependant ces annales authentiques, ayant été connues très-tard parmi nous, n'obtiennent pas aujourd'hui même, dans toutes leurs parties, l'assentiment de plusieurs esprits circonspects à leur manière. On se croirait peut-être infidèle à ses premières études, si on ne contestait pas comme empreints de l'exagération des Orientaux, ou même comme fabuleux, des faits mémorables qui auraient précédé de beaucoup l'établissement des Hellènes et le songe de Pharaon. Toutefois les critiques les plus sévères ne pourront refuser enfin au grand empire près de quarante-deux siècles, dont l'histoire est aussi connue que celle des Médicis et de Frédérick, ou aussi avérée que celle d'Alfred et de Clovis, outre quelques autres règnes dont le souvenir, plus confus, n'est pas douteux en général. Cette nation partage, avec celles du Gange et des sources occidentales du Nil, le droit de chercher sans invraisemblance, dans la nuit des premiers âges, une origine à jamais incertaine (1).

Les objections de Freret, ainsi que les opinions hasardées à cet égard de Paw, de Deguignes et de plusieurs autres, ont été réfutées par des hommes

____

(1) Le P. Couplet a réuni les tables circonstanciées de soixante-treize cycles remontant à l'an 2697 avant notre ère, c'est-à-dire au règne de Hoang-ti, dont on a fait le second ou le neuvième successeur du trop incertain Fo-hi. A la vérité d'autres savans n'accordent à l'histoire régulière de

qui joignaient à autant de savoir l'avantage inappréciable d'un long séjour dans la Chine, et de la connaissance raisonnée de sa langue ou de sa littérature ; ces missionnaires ont prouvé que nulle histoire très-ancienne n'était aussi sûre dans l'ordre ordinaire de la science. On peut aussi observer que les législateurs de ce pays paraissent y être venus avant l'établissement de la circoncision, et du septième jour consacré au repos, deux usages que les Chinois n'ont pas connus.

Quant à ceux d'entre leurs écrivains qui grossissent le nombre des sectateurs de Lao-tsé ou Lao-kium, ils sont écoutés du peuple, mais non des lettrés. Ces enthousiastes ont varié d'autant plus dans leurs supputations qu'ils

---

la Chine que neuf ou dix siècles avant l'ère des Européens ; mais ce n'est pas sous des rapports essentiels qu'on peut regarder comme problématiques les siècles précédens, du moins jusqu'à l'époque de Yao, qui était déjà à la tête de tribus assez nombreuses.

Le soixante-seizième cycle de la Chine finira en 1863.

n'ont pas manqué de remonter les uns jusqu'au premier homme, les autres jusqu'aux premiers habitans de notre globe, à l'époque où y régnaient des races très - différentes, et peut - être même d'autres espèces. On peut voir dans la première lettre du P. Mailla à Freret ces traditions que l'historien chinois Lo-pi a conservées : elles ont quelque chose de remarquable. Les dix périodes dont elles font mention, en rappelant les époques consacrées par les gahambars des Parsis, ainsi que les quatre âges des Vedes, ou les six jours du Sepher, supposent la terre habitée avant la famille actuelle des hommes (1) : conjecture à l'appui de laquelle on a cité des fossiles découverts dans les deux continens. D'un autre côté, une partie de ces supputations

____

(1) Dans les anciens monumens, la figure du vénérable Fo-hi participe autant de celle du singe que de celle de l'homme de nos jours. Sans doute cette remarque aura déjà été faite par ceux qui cherchent des traces éparses de l'impénétrable antiquité.

paraissent n'avoir eu d'autre base que des abstractions prises ensuite dans un sens littéral. Quoi qu'il en soit, les Tao-sse, disciples de Lao-tsé, se bornent, dans leurs calculs depuis le commencement des choses terrestres, soit à une durée de deux cent soixante-dix-huit mille et quelques années, soit à environ neuf cent soixante-neuf mille six cent dix-sept siècles : heureux les pays où les bonzes ne débiteraient aucune fable plus extravagante !

On a pensé dès long-temps que les pays de l'aurore avaient été visités par les premiers hommes. Au milieu de leur ignorance, des hordes nomades, admirant les dons du soleil, et lui attribuant plus de force vers les lieux où on croyait le voir naître, cherchaient aux portes de l'orient un air plus pur et une vie plus heureuse. Ainsi guidées peut-être par leur imagination, les peuplades qui, des hauteurs de l'Asie centrale, descendirent dans la Chine, durent s'y arrêter, et s'y croire sur le sol le plus favorisé du ciel. En effet deux des grands fleuves de l'ancien monde

traversent, du couchant au levant (1),
cette contrée, la plus vaste, la plus
fertile de celles qui, s'abaissant vers le
soleil, touchent à la grande mer, regar-
dée jadis comme le terme de toute mi-
gration et le commencement du chaos.

Il était d'usage ici de chercher dans
la terre de Mesraïm l'origine de tout ce
qu'on ne pouvait pas attribuer à la famille d'Abraham ; des érudits tracèrent
donc la route des premiers Chinois sor-
tant de l'Egypte. Deguignes abandonna
les premiers temps ; mais son hypothèse, aussi hasardée d'ailleurs, ne
pourrait se concilier avec les documens
les plus positifs de l'histoire orientale.
D'autres ont rencontré plus malheureu-
sement encore. Mais des brahmes ont
assuré que le vieil empire avait été
commencé par des Hindous de la caste

---

(1) Plus de la moitié des grands courans
d'eau pluviale des deux hémisphères se di-
rigent généralement, ou du moins en grande
partie, de l'ouest vers l'est ; la direction contraire n'est celle d'aucun fleuve du premier
ordre.

militaire, et W. Jones s'éloigne peu de leur opinion : de ces Tscheinas viendrait le nom de Chine (1), transmis jusqu'à nous.

Mais il paraît qu'à l'époque où les arts pénétrèrent dans les provinces de la Chine les moins éloignées du Gange, elles n'avaient rien conservé de leurs anciennes traditions. Au contraire, ceux qui parlent de Fo-hi comme d'un prince, lui font tenir sa cour dans le Ho-nan, et dès la première époque bien connue, le Chen-si était habité. C'est donc chez les tribus voisines du Hoang-ho, de la rivière Jaune, que les fondemens de l'empire ont été jetés; c'est vers le nord-ouest qu'une sorte d'écriture s'est introduite, soit que le législateur l'ait inventée en effet, soit qu'il ait seulement

____

(1) C'est aussi le nom usité avec une prononciation différente chez les Persans et chez les Arabes. Les Japonais appellent la Chine Tho. Les Chinois emploient des dénominations métaphoriques; la plus ordinaire paraît être Tchong-koué, le royaume du centre ou de l'union, la grande puissance.

transmis à des hordes plus sauvages un procédé connu déjà de quelque autre peuplade, mais en paraissant le découvrir, afin que l'étonnement de ces hommes simples les rendît plus dociles.

Vraisemblablement la Chine a reçu du dehors cette doctrine patriarcale dont elle n'a pas évité l'abus, mais que seule elle a pu maintenir d'âge en âge. Toutefois cette doctrine, qui serait admirable en un sens sur une terre neuve, embellie et non fatiguée par des colons épars, ne suffit plus quand d'innombrables familles, incertaines dans leurs vœux, opposent trop de difficultés à l'influence du pouvoir le plus juste, et fournissent des prétextes pour chercher des ressources immorales dans une sévérité menaçante ou arbitraire.

Ceux qui, afin d'abréger les recherches, déclarent qu'une institution est assez sage quand elle est durable, et confondent ainsi avec les fins réelles du législateur ce qui peut flatter son orgueil, devraient préconiser sans réserve la loi des lettrés; aucune autre n'a été vénérée successivement par un aussi grand nombre d'hommes instruits. Elle est restée forte, parce qu'elle invoque un principe moral que nul ne peut songer à contester. Sans doute il est commun à tous les peuples; mais l'importance si particulière qu'on lui donnait dans la Chine en faisait une doctrine, une loi, une vertu nationale; et l'ancienne perfection des mœurs a continué d'adoucir les conséquences d'une politique trop défectueuse. Les formes du gouvernement auraient dû être déterminées par d'autres principes; mais un sentiment pur étant l'origine de cet écart même, et le pouvoir se disant institué pour l'utilité générale, l'erreur qui présente une multitude comme une famille n'est pas entièrement vicieuse; peut-être même sert-elle encore à entretenir l'amour de l'ordre, premier moyen de félicité chez les hommes réunis. Toutefois nous n'attribuerons pas uniquement à cette impulsion une aussi longue durée. Vers l'Euphrate on paraît avoir connu des lois peu différentes; mais la Chaldée fut le jouet des conquérans. La situation de la Chine était plus heureuse entre l'Océan et des déserts. Quand ces monts difficiles, ou ces plateaux long-temps incultes, se peuplèrent enfin, quand il put en sortir de formidables escadrons, l'ancienne loi, contenue dans les livres révérés, était devenue une habitude presque irrésistible, et l'extrême population de l'empire exigea du vainqueur une retenue assez longue pour qu'ensuite il cédât lui-même. Ainsi peut s'expliquer ce phénomène unique dans l'histoire : un peuple que ses maximes ont agrandi plus encore que ses armes, et qui plus tard a dit à ceux qui le subjuguaient : «Soumettez-vous;» un peuple dont le prince doit écouter les censeurs publics, ne peut éviter de reconnaître hautement que ses prérogatives sont des charges, ou ses fonctions des devoirs, et ne saura point ce que disent de son règne les historio-graphes; un peuple dont le chef, seul sacrificateur légitime, en respectant le livre de la loi, sans y lire le contraire de ce qu'on y trouve, convient qu'il fut dicté par des mortels; un peuple enfin dont toute la portion la plus éclairée proteste depuis quatre mille ans contre les superstitions sous lesquelles s'abaissent trop souvent ailleurs et les savans et les hommes dont l'âme pourrait être libre et religieuse.

~~~~~~

PREMIÈRE PARTIE.

PREMIERS TEMPS DE LA CHINE.

Le Tong-kien-kang-mou, dont l'exactitude offre des garanties particulières (1), même pour les événemens qui ont précédé la destruction de beaucoup de livres trois siècles après Kong-tsé, ou Confucius; le Tong-kien-kang-mou, trop hardi peut-être en

---

(1) « S'il est une histoire qui présente le tableau fidèle du caractère distinctif et des mœurs d'une nation.... c'est sans doute celle de la Chine, qu'on sait avoir été écrite en différens temps, et par des historiens titrés qu'une sage politique avait mis à portée de dire librement la vérité, sans avoir rien à craindre ou même à espérer du gouvernement. Cette histoire expose les événemens... avec une franchise et une rigide impartialité dont on voit peu d'exemples chez les autres peuples. Intrigues de cour, fautes des géné-
~~~~~~

cela, fait mention de deux personnages sous lesquels l'industrie doit avoir fait quelques progrès avant le célèbre Fo-hi. C'est vers le Chen-si qu'ils vécurent ou qu'ils régnèrent; mais rien ne prouve que la plupart des autres provinces fussent alors habitées. Cependant, on suppose que les rives du grand fleuve, ou du Kiang, étaient cultivées du vivant de Fo-hi. Sous ses premiers successeurs, diverses parties de la Chine se trouvaient fort peuplées, et avant le règne de Yu, elles formaient déjà neuf provinces considérables; on peut présumer que celles du midi avaient nourri dès long-temps quel-

---

raux, vices d'administration, rien n'y est déguisé....; elle en parle avec un sang-froid qui étonne et qu'on admire. » Aperçu en tête du t. XI de l'*Histoire générale de la Chine*.

C'est la traduction des annales chinoises, ou du Tong-kien-kang-mou : on la doit au P. Mailla (ou de Maillac), jésuite français, mort à Pé-king en 1748, après un séjour de quarante-cinq années. Kang-hi, qui régnait au commencement du dix-septième siècle, avait fait traduire cette même histoire en langue mandchoue.

ques tribus que ne connurent pas d'abord les Chinois septentrionaux, parce qu'ils avaient peu de moyens de traverser les fleuves, et parce que l'espace ne leur manquait pas assez pour qu'ils cherchassent à franchir les montagnes.

Yeou-tsao-chi et Soui-gin-chi doivent avoir fait adopter quelques arts, comme celui d'élever des cabanes et de préparer au moyen du feu la chair des animaux. Les historiens chinois, ceux même qui admettent une antiquité conjecturale, reconnaissent qu'à cette époque leurs ancêtres étaient ignorans et sauvages. Ce que nous savons de plus positif sur les commencemens des peuples, 'soit d'après les historiens soit d'après l'état où se trouvent encore diverses peuplades de l'Asie septentrionale et de l'Amérique, confirme cette progression de l'industrie, et de tout ce qui constitue la société. Les Péruviens et les Mexicains avaient reçu d'ailleurs les institutions qui les distinguèrent. Dès le commencement sans doute, une race, ou deux peut-être, dans une situation plus favorable, auront donné l'exemple d'une civilisation plus rapide. De ces pays sortirent des hommes entreprenans, qui instruisirent d'autres peuples, et qui en devinrent les législateurs, conformément à cette faculté particulière aux hommes d'étendre leurs idées en les communiquant. C'est ainsi que le vrai et l'utile se révèlent à eux lorsqu'ils le méritent, en les cherchant avec persévérance. Quant à l'autorité paternelle, transmise, dit-on, dès le principe même, et devenue le modèle irrécusable des monarchies, c'est visiblement une simple hypothèse. Dans les temps connus, tous les premiers princes ont été des chefs nommés pour quelque expédition, des caciques qui retenaient ensuite le commandement, ou des étrangers adroits qui se présentaient en qualité d'enfans des astres : le pouvoir n'a pas été une suite de l'autorité des pères, mais il a cherché dans cet ascendant naturel un prétexte et une similitude.

Soui-gin-chi paraît avoir enseigné à des familles surprises de leurs ressources naissantes que les dons de la pensée, commes les fruits de la terre, nous viennent du ciel, du Tien. Il leur donna quelques idées de commerce, et des habitudes fraternelles ou paisibles; il y ajouta l'usage des cordelettes dont les nœuds suppléaient à la mémoire, et que les habitans de Cusco, sur le rivage opposé, à quatre mille lieues de là, conservèrent jusqu'à l'arrivée des Espagnols. Il laissa, dit-on, à plusieurs élèves le soin d'achever son ouvrage. Un d'eux était Fo-hi; dès sa première jeunesse, il montrait un grand sens et d'autres qualités faites pour réunir les esprits. Le peuple le voulut pour chef; il n'y consentit qu'en exigeant une stricte obéissance, qui peut être utile quand il s'agit d'instruire des tribus, d'en former une nation. C'est à l'année 2953 avant notre ère qu'on rapporte l'avénement de Fo-hi.

Quelques historiens ont placé sept princes entre Hoang-ti et Chin-nong, le successeur de Fo-hi (1); c'est ajouter

____

(1) Entre Fo-hi et Chin-nong on peut aussi

à ces vieux temps près de quatre siècles. Dans une lettre, datée de Pé-king, le traducteur des annales chinoises n'oublie pas qu'il faut du moins en concilier les calculs avec la version des Septante; mais cette conciliation est insuffisante : il n'examine pas comment on aurait eu des sphères célestes du temps de Chun, et comment, à une époque si rapprochée d'un bouleversement général du globe, on aurait entrepris les travaux immenses exécutés par Yao. Cette difficulté n'arrêtait point les Chinois; ils paraissent n'avoir eu aucune connaissance d'un déluge universel, d'une entière destruction des peuples. L'inondation survenue du temps d'Yao était un simple débordement qui ravagea les campagnes, et durant lequel on trouva un asile sur tous les lieux élevés.

On croit que Fo-hi divisa le peuple en cent grandes familles, qu'il

compter quinze monarques ; on a leurs noms, et ils mériteraient d'autant plus d'attention, qu'ils auraient occupé le trône durant près de dix-sept mille huit cents ans.

les soumit aux lois du mariage , qu'il leur persuada de défricher les terres , ou de multiplier les troupeaux, et qu'il introduisit l'art de forger le métal. S'avançant vers l'orient jusqu'à la mer, il répartit des colons sur cette contrée nouvelle; mais il choisit pour sa résidence Tchin-tcheou, près de la rive droite de Hoang , vers le 35e degré de latitude, et environ à 2° 30′ à l'ouest du méridien de Pé-king. On pense bien que le lieu de la sépulture de Fo-hi se voit encore près de cette ville.

On conjecture qu'il altéra le premier la pureté du culte enseigné, dit-on , par Soui-gin-chi. Fo-hi, sacrifiant au génie du ciel, immola solennellement des victimes : on obtient plus d'autorité par ces moyens vulgaires. On lui attribue aussi des observations astronomiques, et l'invention du cycle sexagésimal, dont les divisions embrassent les jours, les mois et les années. On lui dut de plus quelques instrumens de musique, ainsi que les koua, ou trigrammes linéaires, composés de deux seuls élémens, la ligne droite, et cette même ligne partagée en deux. Ces huit signes, qui bientôt suffirent pour en former soixante-quatre, firent abandonner l'usage des nœuds, et l'écriture commença. Mais les koua furent-ils, comme les historiens chinois le font entendre, l'origine de l'écriture semi-hiéroglyphique qui s'est maintenue jusqu'à présent ? Lorsque Fo-hi, selon la tradition, se mit à contempler les différens objets de la nature pour en tirer l'idée de quelques signes, vraisemblablement il adopta des caractères symboliques, plus analogues à ceux que la Chine a conservés. Il est aussi très-probable que toutes les découvertes auxquelles le nom de Fo-hi reste attaché n'ont pas été faites si rapidement chez un peuple qui même, dit-on, n'en comprenait l'explication qu'avec peine. Sans doute elles avaient été ailleurs l'ouvrage du temps, et Fo-hi, ou ses prédécesseurs, ne firent que les transmettre : c'est ainsi que les Cécrops, les Manco, introduisaient, chez des hordes ignorantes, les idées, les arts, les maximes de quelques nations civilisées.

Chin-nong fut élu à la place de Fo-hi que le peuple avait aussi honoré de son suffrage, et le droit d'élection ne s'abolit ensuite qu'insensiblement. Nous voyons des publicistes disposés à condamner cette forme politique comme un fruit de l'esprit moderne, on accuse du moins les Grecs de l'avoir imaginée ; mais pour trouver en vigueur, sans exception, le principe contraire, il faudrait remonter à des temps tout-à-fait inconnus. Du vivant de Fo-hi, Chin-nong avait partagé les soins de l'administration ; ses manières affables et son zèle pour le bonheur de tous occasionèrent son élévation dans un pays simple encore, et qui, assure-t-on, lui dut les divers procédés de la culture des grains, ainsi que la première connaissance des plantes salutaires ; mais Chin-nong répétait aux peuples que le ciel avait seul des droits à leur reconnaissance.

Il s'occupa du commerce ; il stipula que chacun n'apporterait dans les marchés ou les foires que les denrées de sa province, afin que les échanges ne fussent pas un trafic utile aux seuls marchands. La vieillesse de Chin-nong devint orageuse ; il s'était relâché de sa sollicitude pour le bien public. D'ailleurs, l'industrie produisait des richesses qui donnaient aux passions une nouvelle activité. Il y eut plusieurs révoltes : d'âge en âge beaucoup de guerres civiles ont affligé la Chine, presque aussi malheureuse en cela que nos contrées occidentales.

On demanda l'abdication d'un prince qui était encore chéri, mais qui devenait incapable de conduire les affaires ; il en résulta une lutte sanglante. Ce même défaut d'énergie devait ôter à Chin-nong le courage de renoncer au pouvoir : ne pas prendre la peine de l'exercer et prétendre toutefois le conserver, c'est le propre d'une âme affaiblie. Souan-yuen était à la tête du parti qui exigeait l'abdication ; la victoire, long-temps disputée, s'étant déclarée pour lui, Chin-nong, très-avancé en âge, en mourut de chagrin, et Souan-yuen fut proclamé d'une voix unanime sous le nom de Hoang-ti, près de vingt-sept siècles avant notre ère. C'est par ce règne que commence l'histoire de Sé-ma-tsien, qu'on a nommé le Tite-Live chinois ; il eût été trop difficile de démêler ce qui était indubitable dans les premiers temps : Sé-ma-tsien parut même peu convaincu des détails qui concernaient Hoang-ti.

La tradition veut que ce grand législateur ait perfectionné l'espèce d'écriture connue depuis long-temps, et qu'alors le nombre des caractères ait été porté à cinq cent quarante. Il a établi, dit-on, le tribunal de l'histoire, institution particulière à la Chine, et plus tard il a rectifié le calendrier. Il fit faire des briques ; on construisit un temple, et il y sacrifia (1) ; ensuite il se hâta de se procurer un palais qui le distinguât de tout le peuple. Il inventa les chars, les barques et plusieurs armes ; il perfectionna le système des

____

(1) *Hoamti templum pacis dedicat. Xamti (vel Chang-ti) ; id est supremo imperatori, seu* Deo. *Table chronologique de Confucius Sinarum phil.* Couplet.

poids et des mesures. On bâtit des villes, on dévida la soie, on eut avant la fin de ce long règne des étoffes et de la toile. Bien que l'empire ne s'étendît pas sans doute au-delà du Kiang lorsque Hoang-ti le divisa en tcheou, la population en était déjà considérable : chacune de ces provinces dut contenir trois cent soixante mille familles.

Bon à l'égard des hommes paisibles, Hoang-ti poussait assez loin la sévérité envers ceux qui lui donnaient de l'inquiétude : passionné pour le pouvoir, il se persuada que le repos général exigeait cette dureté. Il mourut au moment où on exploitait une mine de cuivre qu'il avait découverte. Les tables japonaises, d'accord avec un des principaux historiens de la Chine, ont placé Hoang-ti au nombre des Ou-ti. On varie sur le nombre de ces princes, les premiers depuis l'ère cyclique des Chinois ; il paraît que Chao-hao et Ti-tchi ont été retranchés de la liste comme peu dignes d'y figurer, et qu'il ne faut compter que cinq Ou-ti : Chun serait le dernier.

En considération de ce qu'on devait à Hoang-ti, on voulut élire un de ses fils, auquel on trouvait de plus le mérite d'imiter dans sa conduite l'illustre Fo-hi. L'attente générale ne fut pas remplie ; Chao-hao était d'un caractère pacifique, mais indolent; il n'arrêta point les progrès de plusieurs imposteurs qui, en effrayant le peuple par quelques sortiléges, ajoutèrent au premier culte des superstitions qu'on ne put jamais abolir entièrement. Partout les classes inférieures se ressemblent en cela ; elles se montrent avides de ce délire, seul mouvement de l'imagination, seule activité d'esprit qu'on laisse à leur portée quand on entretient leur ignorance.

Tchuen-hio, petit-fils de Hoang-ti, ayant été choisi comme capable de réparer les fautes du dernier règne, s'efforça de ramener le culte à sa simplicité primitive ; il défendit du moins de sacrifier à d'autres qu'au Chang-ti, au maître de toutes choses. Le cours des pratiques superstitieuses fut ralenti, ou même suspendu. Ennemi des charlatans, ce prince encouragea la science ;

il créa une sorte d'académie, destinée surtout à l'étude du cours des astres, et il est regardé comme le fondateur de la véritable astronomie dans la Chine. On a écrit que pendant son règne les limites de l'empire avaient embrassé presque toutes les provinces actuelles, mais cela ne doit s'entendre vraisemblablement que du pays situé au nord du Kiang.

Le successeur de Tchuen-hio, le vénérable Ti-ko, fut animé du même esprit, et il fonda des écoles publiques. Peu de monarques en Chine ont été assez simples pous craindre que le peuple s'instruisît; ils ont laissé une erreur si grossière aux magiciens, et à d'autres fourbes chez qui ce n'en est pas précisément une.

L'amour qu'on portait à Ti-ko fit donner le pouvoir à un de ses fils, qui le perdit par sa faute au bout de neuf années; mais alors Yao, frère de Ti-tchi, releva la gloire du trône, et des généalogistes prétendent que le pouvoir resta durant près de seize cents années dans les diverses branches de la famille

de Hoang-ti. Le nouveau monarque
chercha la vraie gloire, il servit son pays
et ne forma pas d'autres vœux : son nom
est béni par la centième génération. Il
aurait fait oublier, s'il eût été possible,
ce qu'on rapportait de Hoang-ti, ou
même de Fo-hi ; les meilleurs princes,
les Yu, les Chun, les Hiao-ouenti, les
Taï-tsong, les Hong-vou, n'ont pu le
surpasser, non plus peut-être que le
vertueux Ouen-ouang, simple vice-roi
de Tcheou. Le premier des livres clas-
siques de la Chine rend ce témoignage
à l'illustre Yao : « Il sut donner à la nature raisonnable tout l'éclat dont elle
est susceptible... Il fit régner l'ordre
et l'égalité parmi les peuples ; ses soins
et son exemple les ayant éclairés des
lumières de la droite raison, l'union et
la concorde se sont répandues dans tout
l'empire. »

L'heureux successeur de Ti-tchi attachait beaucoup d'importance au perfec-
tionnement de l'astronomie, le croyant
essentiellement lié aux progrès de l'a-
griculture ; il réunissait la modération,
la bienfaisance, l'affabilité, la sobriété,

la prudence, l'exacte vigilance. Il montra beaucoup d'affection pour ses proches, et le plus constant désir de procurer le bien être à toutes les classes. Le peuple, disait-il souvent, a-t-il froid, a-t-il faim, c'est ma faute; se commet-il un crime, j'en suis cause. Les historiens observent que le peuple avait pour ce prince un respect et un amour inexprimables.

Lorsqu'il ressentit les incommodités de l'âge, il assembla les grands; il voulait qu'on lui indiquât un homme vertueux qui pût le remplacer, ou l'aider à porter le poids des affaires. Mais ceux qu'on lui proposa ne lui convinrent pas, et il garda le pouvoir jusqu'à la soixante-dixième année de son règne. Enfin il résolut d'adopter Chun, homme pauvre, jeune encore et très-estimé. Pour l'éprouver, il le chargea de faire observer parmi le peuple les cinq devoirs de la vie civile. Ce sont à la Chine les devoirs respectifs des époux, des amis, du père et des enfans, des vieillards et des jeunes gens, du prince et des sujets.

Ayant très-bien rempli cette mission , Chun devint premier ministre.

Neuf années auparavant, les parties basses de la Chine avaient été inondées, et de grands efforts n'avaient encore réparé que très-imparfaitement un mal presque général. Chargé de rendre à la culture les terres ainsi ravagées, ce ministre employa, pour effectuer l'écoulement des eaux, le jeune Yu, qui passait pour descendre de Hoang-ti comme Chun lui-même, et qui depuis parvint aussi à l'empire. Yu dirigea les travaux avec tant d'art que les étrangers admirent encore les jetées et les canaux pour lesquels on a changé peu de choses à ses premières dispositions. Il termina ce grand ouvrage l'an 2278, et il fut créé prince. Si depuis cette époque les inondations des fleuves se sont renouvelées souvent, elles n'ont plus été aussi désastreuses. Cependant le Hoang causa de grands ravages plus d'un siècle avant notre ère ; dans l'espace de six années, il se déborda deux fois avec tant de force que l'an 152 il périt cent mille hommes, et de nos jours encore on a élevé de nouvelles digues pour resserrer les eaux du Kiang et du Hoang.

Choisi pour remplacer Yao, le vertueux Chun ne voulut pas prendre le titre suprême du vivant du prince auquel il devait son élévation. Il s'occupa de quelques objets relatifs à l'astronomie ; ensuite il sacrifia au Chang-ti. Mais il rendit un hommage peu différent aux Lo-tsong, ou aux six esprits qui doivent présider aux astres : il y joignit même les esprits des montagnes et des fleuves (1). Il n'en eût pas fallu davantage pour livrer au polythéisme un pays où l'instruction eût été plus rare.

____

(1) Des génies président au feu, à l'air, aux saisons, et même aux fontaines, selon beaucoup de Chinois ; mais le grand génie, le génie des cieux, le Chang-ti est le Tien, le maître du monde. La dynastie des Ming a eu la sagesse d'abolir les sacrifices en l'honneur des cinq génies ; ces pratiques avaient déjà été interdites par le petit-fils de Hoang-ti. Après le génie du ciel, ou le génie universel, les premiers génies sont ceux des cinq élémens.

Chun a réglé la plupart des cérémonies ; il a établi cinq degrés de distinction, et il a fait des réformes dans les poids ou dans les mesures. En limitant les présens que les gouverneurs étaient dans l'usage d'offrir aux monarques quand ils parcouraient les différentes provinces, il déclara qu'il ferait de cinq années en cinq annés cette visite de l'empire, et il voulut que, dans l'intervalle, tous les princes tributaires vinssent successivement se présenter à la cour.

C'est par lui que furent adoucis pour la première fois les supplices qu'on infligeait aux criminels ; il aurait mérité par cela seul le rang qu'il occupe dans l'histoire ; elle le cite comme un modèle pour ceux qui influent puissamment sur les destinées d'un grand peuple. La rigueur ou plutôt l'atrocité des supplices caractérise les nations encore barbares. Outre l'extrême inconvénient de rendre désespérantes les erreurs des juges, c'est entretenir, c'est perpétuer chez les gens irréfléchis, toujours trop nombreux, cette férocité dont on se plaît à leur offrir tant d'exemples sous des formes légales : souvent alors les spectateurs ne sont pas moins vils que les criminels suppliciés avec acharnement.

Avant le rescrit de Chun, on marquait au visage, avec un fer rouge, ceux à qui on laissait la vie; on leur coupait le nez ou les pieds, ou on les mutilait d'une manière plus cruelle encore. A ces peines, Chun substitua la cangue (1), la bastonnade, la confiscation et l'exil. Quant aux crimes qui ne seraient pas absolument prouvés, il voulut qu'on pardonnât entièrement, si des circonstances particulières atté-

____

(1) Deux pièces de bois, échancrées d'un côté, se joignent en forme de collier pour entourer le cou du criminel, qui, ne pouvant plus porter la main à la bouche, n'est nourri que d'une manière ignominieuse par la charité des passans. Ces planches peuvent peser jusqu'à deux cents livres selon la gravité du délit. Quand le temps est expiré, on tient au coupable un discours en forme d'exhortation ; et, pour s'en faire mieux écouter apparemment, on ne le délivre pas sans qu'il ait subi le pan-tsé, c'est à-dire la bastonnade.

nuaient la faute, mais qu'on punît de mort ceux qui auraient déjà subi des peines et ne se seraient pas corrigés. Cependant plusieurs ordonnances altérèrent le code en différens temps; il y eut aussi à la Chine beaucoup de châtimens infligés d'après des ordres arbitraires, et la plus absurde de nos cruautés, la torture, n'y a pas été abolie.

Le grand Yao, qui était satisfait de la conduite de Chun, et qui lui laissait tout le soin de l'administration, mourut âgé de cent quinze ans, selon les historiens chinois : le peuple porta volontairement le deuil pendant trois années, ce qui depuis dégénéra en coutume. D'autant moins prompt à saisir le pouvoir qu'il savait mieux comment il faut le mériter, Chun voulait céder le trône au fils de Yao; mais on n'y consentit pas. Dès qu'il eut été proclamé empereur (1), il appela auprès de lui son père, pour qu'il eût toujours une déférence qui achevât de lui concilier l'amour des peuples. «Quelque vigilant que soit un chef de l'em-

____

(1) Ou mieux, autocrate.

pire, disait Chun à des gouverneurs de province qu'il venait de nommer, il ne peut tout connaître, il ne peut satisfaire les villes et les campagnes s'il n'est secondé par de vertueux ministres ; le poste que j'occupe est le plus difficile, le plus périlleux : si on n'y montre pas une extrême sagesse, que de maux en résulteront ! »

Le nouvel empereur voulait avoir pour ministre un homme qui, sous ses yeux même, avait rendu des services inappréciables; mais Yu n'écoutait point l'ambition, il demandait sincèrement que cette faveur tombât sur d'autres. Ces refus, dont l'ancienne histoire de la Chine fournit de continuels exemples, peuvent être mis au nombre des singularités de ces vieux siècles : il y avait alors beaucoup de bonhomie. « Souvenez-vous, disait Chun au président des cérémonies pour les sacrifices, souvenez-vous que le principal devoir de votre place est dans le cœur ; le Tien connaît tout ; un extérieur hypocrite l'offense. »

La musique était aux yeux de Chun

un ressort moral : il désirait qu'à cet égard elle s'acordât avec la poésie. Les princes les plus célèbres de cette contrée ont mis presque autant d'importance aux effets de la musique que Platon et quelques législateurs de la Grèce.

Chun établit des collèges et des hôpitaux ; il donnait aux dépositaires du pouvoir des instructions pleines de sagesse, et dont, à l'exception de quelques violences passagères, le gouvernement n'a jamais jugé à propos de désavouer les principes. Chun disait au Na-yen, ou censeur de l'empire : « Lorsque vous me ferez un rapport, vous n'ajouterez, vous ne diminuerez rien : je hais ces gens adroits qui savent présenter les choses sous une double face... L'innocence peut être opprimée où persécutée d'après leurs paroles insidieuses. »

Vers l'an 2208 Chun mourut, après un règne de quarante-huit années. Depuis quinze ans il avait choisi pour successeur Yu son ministre. Déjà l'élection s'abolissait, et les grands eux-mêmes perdaient leurs droits à cet égard ; mais l'influence qui leur restait seconda quelquefois la prédilection du prince pour un de ses parens au préjudice de son propre fils. Ce n'est pas que la Chine manquât de gens disposés à regarder, indépendamment du motif d'utilité publique, le fils d'un empereur comme son successeur naturel. On retrouve partout le préjugé qui, ne distinguant pas une charge d'un patrimoine, et voulant qu'on hérite du pouvoir suprême comme d'une métairie, occasiona longtemps en Europe le démembrement des états, ou en détruisit l'indépendance par l'effet des mariages. Ces inconvéniens n'eurent pas lieu dans la Chine ; mais l'hérédité, qui exigerait des lois expresses et motivées avec justesse, s'y trouva consacrée, sans qu'elle fût légale. Les grands cassèrent le choix fait par l'empereur Yu ; ils reconnurent son fils, et désormais l'empire fut généralement héréditaire ; cependant on laissait encore des prétextes au caprice ou à l'intrigue, on n'empêchait pas le monarque d'opter entre ses divers enfans.

Ce mode trop vague de légitimité causa des troubles sous plusieurs dynasties. Bientôt l'usage voulut que l'aîné des fils de l'empereur lui succédât ordinairement, mais on demandait encore que son père en eût manifesté l'intention. Quelquefois il y eut de grandes divisions; à la mort de King-ouang, prince de la troisième famille, celui qui aurait été son successeur, selon l'ordre accoutumé, ne vivait plus, et King-ouang n'avait désigné nul autre. L'élection libre est tombée en désuétude, mais l'ordre de succession qui se trouve établi ne l'est pas assez formellement pour compenser les désavantages qu'il entraîne. Tout en désignant pour leurs successeurs des hommes d'un grand mérite, les Yao, les Chun, ont commencé ce changement important; à la vérité l'étendue de l'empire l'eût enfin amené, mais ces choix, éclairés d'ailleurs, n'en furent pas moins abusifs. Les meilleurs princes se laissent entraîner par l'habitude du commandement; ils considèrent avec raison qu'ils doivent être religieusement obéis dans le libre exercice de

leurs fonctions, mais ils n'en distinguent plus ce qu'ils n'ont pas droit de
prescrire : c'est pis encore dans les
états où la succession au trône se règle
d'une manière que nul législateur n'a
prévue, et que souvent même nulle déclaration publique n'a paru sanctionner.

SECONDE PARTIE.

LES QUATRE PREMIÈRES DYNASTIES IMPÉRIALES.

(Environ vingt siècles.)

Yu était âgé, son règne fut court; lorsqu'on l'appelle le grand Yu, lorsqu'on le met à côté des Chun et des Yao, c'est surtout à cause des vertus, des talens si remarquables qu'il montra quand ces deux empereurs lui confièrent une partie de leur autorité. Sous son règne on trouva l'art d'obtenir du riz une boisson fermentée; il en prévit les suites, et l'auteur fut envoyé en exil : sévérité peu équitable qui ne pouvait arrêter le désordre. Affaibli par de longues fatigues, ce prince associa Pé-y à l'empire dès l'année 2204 ; mais, selon le vœu des grands, Pé-y laissa la couronne à Ti-ki, fils de Yu. La dynastie des Hia, fondée par Yu le grand, se compose de dix-sept princes, dont un usurpateur a momentanément interrompu la série.

Ti-ki, fils de Yu, régna honorablement; mais il faut remarquer un mot de la harangue qu'il paraît avoir prononcée au moment de livrer bataille à un rebelle. « Je châtierai, disait-il, ceux qui ne feront pas leur devoir, je les ferai mourir eux et leur postérité. » Ces paroles devaient-elles plaire au Chang-ti qu'il invoquait en cet instant même? La Chine avait-elle déjà de dangereux docteurs, de pieux interprètes du ciel, assez téméraires pour prétendre concilier avec sa justice une semblable iniquité? Ce moyen de terreur est encore en usage dans ces pays, où trop souvent l'utile amour du passé dégénère en aveuglement, et perpétue plusieurs maux afin de conserver quelque bien.

Le successeur de Ti-ki fut un mauvais prince; il se livra au plaisir, il méprisa les remontrances de ceux qui lui faisaient parvenir les plaintes du peuple; mais on respectait la famille de Yu, et Tai-kang ne fut dépossédé qu'en faveur d'un de ses frères.

Nul ne saurait voir avec indifférence ce qui concerne la plupart des premiers empereurs; les maximes qu'ils suivirent contribuèrent singulièrement à la sagesse des mœurs et à la stabilité des institutions. L'antique vertu de ces longs règnes est attestée dans les livres historiques, dont les matériaux étaient précieux à cause de leur ancienneté, avant que Kong-tsé en fît un corps d'ouvrage plus régulier ou plus instructif. C'est au contraire avec peu de regrets qu'on néglige plusieurs règnes de la dynastie des Hia, et qu'on parcourt avec beaucoup de rapidité les dix siècles et demi durant lesquels se sont maintenus les Chang : des époques éloignées, que rien ne distingue du cours ordinaire des événemens, doivent être d'un assez faible intérêt pour les Chinois eux-mêmes. Il faut observer aussi que la perte totale d'une partie des livres brûlés plus tard répand de l'incertitude sur beaucoup de détails historiques, surtout jusque vers le troisième siècle de la dynastie de Tcheou.

N'omettons pas pourtant le mérite de Chao-kang; ce prince, né sous la domination d'un rebelle, fut élevé solitaire et pauvre. Après avoir erré dans les montagnes, il exerça le plus mince emploi chez un personnage dévoué à sa famille; cette grande leçon de l'adversité lui donna quelque chose du caractère de notre Henri, et la victoire aussi lui rendit le trône. On a généralement caractérisé par la droiture la dynastie des Hia, celle des Chang par la simplicité, et celle des Tcheou par l'affabilité.

Des siècles se sont écoulés; la Chine n'a pas encore vu un homme couvert de crimes se charger du rôle de père du peuple, ou un personnage monstrueux faire les fonctions de grand sacrificateur; enfin Li-koué, surnommé Kié, le cruel, la fait rentrer à cet égard dans la loi commune. Des favoris presque aussi coupables, et une concubine plus perverse, entretenaient les penchans dissolus de ce prince. Leurs excès restèrent long-temps impunis, mais Tching-tang, à la tête d'un soulèvement presque général, chassa du trône le fils de Ti-fa : le vainqueur eût paru plus généreux s'il ne s'y fût point assis lui-même.

Sa conduite ne fut pas généralement approuvée, non plus que celle de Ou-ouang, qui plus tard commença la troisième dynastie. Ils firent des choses mémorables, et ils renversèrent des princes qu'on détestait sans doute ; mais ces motifs, changés en prétextes, peuvent occasioner de grands désordres : on aurait besoin d'un moyen plus régulier qui ne laissât pas à des ambitieux le soin équivoque de réprimer les tyrans. Un jour deux lettrés disputaient à ce sujet devant King-ti, et cet empereur appartenait à la cinquième dynastie, dont le fondateur ne s'était pas trouvé non plus exempt du reproche d'usurpation. Le prince dit aux lettrés : Des hommes sages ne doivent pas agiter ces sortes de questions. Cela signifiait exactement : Il est des circonstances graves où nous avons besoin d'ignorer nos devoirs.

Sous Tching-tang sept années de stérilité affligèrent une partie de l'empire. Ce prince n'oublia point que les peuples éprouvent quelque soulagement dans leur misère, quand les grands paraissent la partager ; il dépouilla le faste impérial ; il se rendit sur une montagne, il pria le Tien de le punir seul des fautes du gouvernement, et d'avoir compassion du peuple : le jour était bien choisi sans doute ; il plut, et les campagnes redevinrent fécondes.

Un deuil général a honoré, en 1713, la mémoire d'un des plus grands ministres que la Chine ait eus dans ces vieux temps. Y-yn, descendant de Yao en droite ligne, n'a voulu saisir aucune des occasions qui se sont présentées de s'élever jusqu'au trône, dont le rapprochait l'estime universelle. Il n'a pas été moins utile que s'il eût gouverné ; c'est d'après ses exemples et ses pressantes exhortations que l'empereur Tai-kia, renonçant à ses premiers désordres, a mérité pendant trente ans d'être regardé comme un des meilleurs princes de la dynastie des Chang.

Nous touchons à peine à l'époque du

règne de Sésostris, moins certain que ceux de Chun, de Yao, de Hoang-ti, et déjà le grand empire a obtenu assez de prépondérance dans l'Asie orientale pour que, l'an 1635 avant l'ère vulgaire, la cour de Tai-vou réunisse les envoyés de seize princes des contrées voisines. Tai-vou est compté au nombre des bons empereurs; il a rétabli des hospices que Chun avait fondés pour la vieillesse, et il les a souvent visités. Il a fait quelque chose de plus difficile : les concussions des subalternes n'ont pas été seules punies sous son règne : il a réprimé la cupidité des Coañ (1), des mandarins les plus puissans.

Poan-keng s'efforça de redonner à l'empire l'unité, la vigueur, le repos, dont le privaient depuis long-temps l'autorité trop indépendante des princes

----

(1) Le mot *colao*, par lequel on a désigné les premiers mandarins, les ministres chinois, était vraisemblablement une corruption de *coañ*. A l'époque où les prêtres d'Egypte en furent les magistrats, on les désigna sous le nom de *choën* ou *schoën*.

ou vice-rois, et le nombre des esprits séditieux. Il obtint des succès qui le firent appeler le restaurateur de l'ancienne vertu ; mais sa mort suspendit le cours de ces réformes, et il eut deux successeurs qui, ne voyant que le privilége de leur dignité, en méconnurent les devoirs.

Après eux règne Ou-ting ; se défiant de lui-même, il fait chercher partout un homme capable de l'aider de ses conseils, un personnage semblable à celui que le Tien lui a montré en songe. Un simple manœuvre devient ainsi le ministre de Ou-ting, mais cet homme obscur est un sage ; il dit dans son premier discours : « Le Tien n'a pas déposé son autorité sur la tête des rois, ou de leurs lieutenans, pour leur procurer avec abondance les agrémens de la vie ; il n'a voulu que l'avantage de tout le peuple. » Le jeune Ou-ting lui répond : « Un prince n'est qu'un homme, mais s'il trouve un ministre vertueux et éclairé, il peut devenir un grand monarque : mettez-moi en état d'imiter mes ancêtres. »

Sous le règne de l'impie Ou-y , un assez grand nombre de Chinois des provinces maritimes allèrent s'établir dans des îles peu éloignées. On a remarqué qu'ils pouvaient avoir peuplé celles de Nipon et de Kiusiu , mais jusqu'à présent on paraît n'avoir rien trouvé dans les annales des Japonais qui confirme ce sentiment. De Guignes pense que ces insulaires sont d'anciens Coréens, ou des Tatars que des Chinois auront policés. En effet, ceux-ci passent pour avoir porté au Japon (1) des arts inconnus jusqu'alors, mais à une autre époque, neufs siècles et demi après le règne du fils de Keng-ting. Le docteur Kœmpfer remarque que les traditions et le langage ont toujours distingué les Japonais de la nation chinoise, et qu'ainsi ils doivent être venus immédiatement de l'ancienne Babylone, ou Babel, quand chacun s'en alla de son côté le plus loin qu'il put.

---

(1) Origine du soleil, magasin du soleil, Gépen ou Nipon, et, chez les Chinois, Yanghou.

Ty-y régnait lorsque l'illustre Ouen-ouang, prince de Tcheou, voulant faire sentir à toutes les classes l'estime qu'on devait aux laboureurs, en éleva un certain nombre à la dignité de mandarins. Il eut aussi beaucoup de soin des vieillards indigens des deux sexes, et il en ordonna le dénombrement. Ou-ouang, son fils, devint le maître de l'empire, et le dut principalement aux excès de Tan-ki, femme dissolue du cruel Cheousin. Cet empereur joignait à une grande force de corps des inclinations basses. Tan-ki le subjugua entièrement; elle amassa de grandes richesses, et elle fit construire, dit-on, une tour en marbre, ou plutôt une sorte de pyramide qui coûta dix années de travail, et que par une occurrence singulière on appela la Tour aux cerfs. Elle se renfermait durant des saisons entières dans cette enceinte éclairée d'une multitude de flambeaux et de lanternes; elle y rassemblait des jeunes gens des deux sexes qui variaient leurs plaisirs sous ses yeux. Des excès de tout genre déshonoraient la demeure impériale; l'atrocité des supplices s'y joignit, et c'était pour cette femme une grande jouissance que Cheou-sin ne craignait point de partager : cependant il se passa du temps encore avant qu'il fût réduit à périr dans son palais embrasé par lui-même, la trente-deuxième année de son règne.

Lorsque Ou-ouang eut triomphé de Cheou-sin, il souffrit qu'on l'appelât à son tour fils du ciel, mais il eut soin de ne s'y résigner qu'après les vives sollicitations des mandarins de lettres, et des mandarins d'armes. La famille des Tcheou, dont il a été le chef, est mise au nombre des dynasties impériales, quoique ses membres n'aient pris que le titre de ouang, qui répond à celui de roi.

Depuis le temps de Chun, il y avait dans l'empire cinq sortes de seigneurs titrés ; Ou-ouang détermina l'étendue de leurs domaines. Il exigea des tribunaux une grande intégrité ; il rechercha les hommes sages, et il ne négligea ni le commerce ni l'agriculture. Il a mérité, sous plusieurs rapports, cette exclamation dans le Chou-king : Quelle gloire! quelle ravissante prospérité! tous les cœurs sont unis! Tels sont les fonde-mens sur lesquels il éleva sa famille; elle compta, durant huit cent soixante-cinq années, trente-huit règnes auxquels il faut joindre une régence. Dans cet in-tervalle Lycurgue et Numa, Cyrus et Miltiade, remplirent de leurs noms l'Oc-cident ignoré des Chinois, et Alexandre traversa l'Indus sans soupçonner qu'il y eût encore devant lui des terres plus vastes que toutes ses conquêtes.

Plusieurs princes tributaires étaient devenus assez puissans pour causer des troubles : Ou-ouang consacra cet abus par des dispositions nouvelles. Sous le prétexte de récompenser les descen-dans de ceux qui avaient rendu des services à l'état, il achevait de com-promettre la sûreté publique; il dis-tribua ainsi soixante et onze princi-pautés, dont cinquante-cinq échurent à des membres de sa propre famille. Déjà, sous les dynasties précédentes, des gouverneurs de provinces, et d'autres grands officiers, avaient été re-vêtus de dignités qu'ils s'arrogeaient le droit de transmettre à leurs enfans, et qui en faisaient des rois feudataires, sous des titres plus ou moins élevés. Ils avaient des cours et des capitales, et il était rare qu'on pût contraindre les plus puissans d'entre eux à rendre hommage à l'empereur, quand ils avaient assez d'espérances ambitieuses pour commencer à s'y refuser. Il y eut ainsi des princes de Han, de Thsi, de Tsin, de Kiou, et beaucoup d'autres. La famille des princes de Tsou se maintint durant près de neuf siècles, jusque sous la dynastie des Thsin.

Après avoir pacifié l'empire, dont quelques Européens, plus hardis que judicieux dans leurs conjectures, ont prétendu qu'il avait été le fondateur, Ou-ouang fixa le commencement de l'année au renouvellement du mois lunaire le plus rapproché du solstice austral. Ainsi elle coïncida quelquefois avec la nôtre, dont le premier jour a l'avantage de ne point varier, mais qui, par une autre bizarrerie, ne s'accorde jamais avec le solstice. Bien que cet empereur fît profession d'aimer la

sagesse, lorsqu'il tomba malade on consulta les sorts, et on employa pour cet
effet trois grandes tortues : les magiciens étaient déjà nombreux. D'autres
cérémonies superstitieuses, que les Tatars ont conservées, accompagnèrent
les sermens les plus solennels. Pour
donner de la constance, de la vertu aux
hommes dont la raison est faible, on
cherche ainsi à frapper leur imagination; mais ensuite ces coutumes subsistent pour le seul avantage des fourbes.
L'inégalité entre les esprits devenait
chaque jour plus sensible, et l'opiniâtre
ignorance multipliait des pratiques dé-
votes, ou s'enfonçait dans des croyances
ténébreuses; mais, parmi d'autre classes, l'instruction faisait des progrès,
que le despotisme suspendit plus tard.

Tching-ouang eut pour ministre un
homme de mérite qui joignait aux qualités d'un administrateur le savoir d'un
géomètre et d'un astronome. Un passage
des annales des Chinois, relatif à cette
époque, indique clairement l'usage de
la boussole; c'était du temps de David;
et ils prétendent même que leurs ancê-

tres connurent quinze cents ans plus tôt l'aiguille aimantée. Les pilotes des mers de l'Inde y étaient accoutumés lorsque Vasco de Gama s'avança dans l'Orient.

Li-ouang fut avide de trésors. Chao-kong l'exhortait à ne plus fouler les peuples : « Si le ressentiment devient général, disait Chao-kong, comment votre autorité subsistera-t-elle ? Un empereur qui saura gouverner, ajoutait ce ministre, laissera aux historiens ou aux poëtes la liberté d'écrire, au peuple celle de parler, et aux indigens celle de murmurer ; alors les affaires suivront leur cours. » Li-ouang ne l'écouta pas ; trois ans après, il fut réduit à fuir. Son fils était dans la maison de Chao-kong, les mécontens y coururent. Quoique très-aimé du peuple, ce ministre, ne parvenant pas à le calmer, et ne pouvant se résoudre à perdre l'héritier de l'empire, livra son propre fils qu'on immola : plus tard il fit reconnaître par les mandarins le fils de Li-ouang, sous le nom de Siuen-ouang (1).

______

(1) Ainsi la fable dramatique de l'Orphe-

Durant le règne de ce prince, des Tatars, qui viennent d'entrer dans la Chine, battent sur leurs propres terres une armée trop ardente à les poursuivre ; mais ils succombent ensuite sous les efforts de Tchuang-kong, dont les descendans occuperont un jour le trône.

Vers l'an 775, Yeou-ouang, ayant une maîtresse fort belle, et l'aimant éperdument, introduit des ennuques dans le palais. Leurs intrigues les y maintiennent en grand nombre, et durant des siècles on leur attribuera la plus grande partie des maux de la nation. Yeou-ouang périt lui-même par une autre conséquence de cette faiblesse.

Des Tatars, venus au secours de son successeur, se montrent redoutables ; ils demandent pour récompense une partie de l'empire, mais ils sont battus et réduits à se retirer. Leur vainqueur est un prince de Thsin ; il affecte de sa-

lin de la Chine a eu pour fondement une tradition qui datait de près de vingt-six siècles.

crifier solennellement au Chang-ti, ce
qui est une prérogative impériale. Ainsi
s'élèvent par degrés les futurs successeurs des Tcheou : généralement les
vice-rois commencent à regarder le
trône comme un prix offert à la ruse ou
à l'audace.

Plus de sept siècles avant l'ère européenne, à l'époque où remonte le Tchun-
tsicou de Kong-tsé, l'empire était partagé en vingt et une principautés, dont
dix-neuf seulement sont mentionnées
dans le Tong-kien-kang-mou, et auxquelles ou donne aussi le titre de royaumes. On les nommait Lou, Ouei, Tcin,
Tching, Tsao, Tsai, Yen, Ou, Tsi,
Tsin, Tchou, Tchin, Teng, Ki, Song,
Tchu, Kiou, Sie, Hia, Han et Siao-
tchu. De ces vice-royautés, les huit
premières étant gouvernées par des
membres de la famille impériale, elle
aurait pu se maintenir à la tête des autres princes, toujours divisés ; mais elle
n'était pas moins désunie elle-même,
et, long-temps avant de succomber,
elle se trouva incapable de contenir les
rebelles, ou d'empêcher les guerres

particulières. Dès l'an 710, un prince de Song combattit onze fois, et le plus souvent avec succès, les armées de l'empire. Bientôt les Tatars de l'ouest et du nord, profitant de ces troubles, et favorisant même quelquefois un parti, hasardèrent de nouvelles incursions; le désordre s'étendit, les complots et les assassinats se multiplièrent, et, comme dans tous les pays long-temps agités, on vit des actes du plus généreux dévoûment au milieu des fureurs, des perfidies, des bassesses de la vengeance ou de l'ambition.

Sous le règne de Siang - ouang, Ouen-kong, prince de Tcin et excellent guerrier, en donnant l'exemple d'une soumission volontaire, parvint à suspendre les effets de cette sanglante anarchie. Il assembla les chefs les plus redoutables dont il était craint lui-même depuis ses victoires; il les fit jurer en termes solennels, et devant l'empereur, d'aider ce prince dans l'administration de l'état, de s'occuper du bonheur des peuples, et de ne plus combattre les uns contre les autres.

Peu de temps après, cette même province de Tcin eut un maître bien différent de Ouen-kong. L'inepte Ling-kong ne croyait jouir des faveurs de la fortune qu'en faisant impunément ce qu'elles rendent plus odieux encore : c'est le malheur des esprits faux, quand les peuples ont celui de dépendre d'eux. Il se prenait à rire si une flèche décochée par sa main valeureuse blessait un homme paisible ; et lorsque ses cuisiniers apprêtaient mal les pates d'ours dont il était friand, cette maladresse était ordinairement punie de mort.

Après avoir ravagé les frontières, l'an 590, les Tatars Maou défirent entièrement quelques troupes de l'empire. Cependant la paix se rétablit ; plusieurs princes ayant formé une confédération pour la maintenir dans l'intérieur, et l'empereur Ting-ouang aimant aussi le repos, on eut un moment de calme dans toute la Chine. Elle avait alors pour limite le cours du Kiang, que peut-être les Chinois n'avaient jamais franchi. Au-delà de ce fleuve étaient des tribus regardées comme barbares, et dont l'indépendance donnait peu d'inquiétude; mais elles ne tardèrent point à se faire connaître les armes à la main. En 570, on fit aussi un effort pour pacifier de nouveau tout l'état; le parti des princes de Tcin se réunit dans ce dessein; mais cette ligue fut elle-même l'occasion d'une guerre momentanée. On ne put réprimer que durant quatre ans l'audace de ces anciens officiers, dont on avait fait, avec si peu de précaution, de très-grands propriétaires; ils ne voyaient dans ces grâces du trône qu'un moyen de se séparer de lui, après s'être élevés graduellement sur les débris de leurs rivaux.

Sous le règne de Ling-ouang, prince pacifique et plein de modération, Kong-tsé ou Kong-fou-tsé (Confucius), le plus illustre des sages chinois, naquit à Tseou-ye, dans la principauté de Lou, 551 ou 552 ans avant notre ère. On prétend qu'il descendait de Hoang-ti. Sa mère lui donna le nom de Kicou, petite colline, parce qu'il avait le dessus de la tête plus saillant que les autres enfans :

c'est peut-être en Chine la protubé-
rance de la haute raison. Il paraît que,
durant les premières années de Kong-
tsé, l'empire a joui d'une paix générale. Ce prince des lettrés se nomma
aussi Tchong-ni ; c'était un nom honorifique, et l'aîné de sa famille est encore exempt de tribut. On a remarqué,
en 1777, vingt-trois siècles après sa
naissance, que ses descendans prou-
vaient une filiation non interrompue :
on ajoute qu'avec une constance toute
orientale, ils n'ont pas quitté la ville
dont ils sont originaires. De tout ce dont
la Chine se vante, ce qui doit principalement exciter l'admiration chez quelques-uns de nos compatriotes, c'est
sans doute une noblesse incontestable
de soixante à quatre-vingts quartiers.

A l'âge de dix-neuf ans, Kong-tsé
était pauvre, mais il avait déjà dans sa
province une assez grande réputation
de science et de sagesse. Pour lui donner quelques moyens de subsister, le
prince Tchao-kong le fit intendant, ou
mandarin des vivres, et un an après
intendant des bestiaux ; mais les trou-

bles qui s'élevèrent ensuite dans cette principauté engagèrent Kong-tsé à passer dans celle de Tsi, où il fut reçu avec empressement vers l'année 517. Consulté sans cesse par le prince, il cherchait à y faire revivre les maximes des premiers temps; mais, en l'écoutant volontiers, King-kong suivait peu ses avis, et il en donna pour raison un âge qui n'était plus celui des réformes. Alors Kong-tsé le quitta, et retourna dans le pays de Lou; mais, le trouvant très-agité, il ne s'y mêla en rien du gouvernement. Il s'occupait de mettre en ordre les livres laissés par les anciens; ces travaux augmentèrent beaucoup le nombre de ses disciples. L'an 500, Kong-tsé fut président du tribunal des bâti-mens publics, et, en 497, il devint ministre du prince de Lou.

La gloire que Ting-kong allait acquérir en écoutant un sage excita l'envie d'un prince voisin; craignant que son rival ne fût élevé à la dignité de pa, la plus grande que l'empereur pût alors conférer, il envoya en présent à Ting-kong des chanteuses d'une beauté remarquable. En observant de quelle manière elles étaient reçues, Kong-tsé quitta cette cour; mais il fut accueilli lui-même assez froidement dans plusieurs autres. Les dangers qu'il courut dispersèrent plusieurs de ses disciples moins fermes que lui; et ceux qui le suivirent tombèrent dans un dénument extrême. Le prince de Tchou ayant invité Kong-tsé à venir à sa cour, d'autres princes s'y opposèrent, le firent enlever sur la route, et le retinrent dans un lieu aride. Cependant le prince de Tchou, l'ayant su, envoya une escorte qui amena Kong-tsé auprès de lui; mais bientôt ce gouverneur mourut, et le lettré, n'étant soutenu par aucun homme puissant, ne voyait plus personne qui approuvât la sagesse de ses vues. Le moment vint toutefois où Ki-sun, qui gouvernait le pays de Lou, redemanda Kong-tsé, à qui on reprochait de trop oublier la terre natale (1), et qui n'y accepta aucun em-

____

(1) On lui attribua quelques faiblesses. L'art des sorts était accrédité avant lui; il paraît

ploi. C'est alors qu'il acheva le Chou-king (1), en réunissant des mémoires qui remontaient jusqu'à l'empereur Yao. Il rédigea aussi le Chi-king; il l'abrégea beaucoup, il ne conserva de toutes ces odes que celles qui lui parurent propres à inspirer la vertu : souvent il les chantait en s'accompagnant d'un instrument. Vers ce temps, il écrivit le Tchun-tsieou, chronique rapide d'une époque féconde en désordres, qu'il voulait faire détester, et de

---

s'y être livré; on dit même qu'il se flattait d'annoncer l'avenir.

(1) Le grand livre de la doctrine, commencé peut-être dix-huit siècles avant Kong-tsé. Dans le Chou-king se trouve même ce qu'on croit avoir deviné de l'Y-king, tracé en *Koua* par Fo-hi. On n'a plus que cinquante-huit articles du Chou-king, qui doit en avoir contenu cent : nul n'oserait changer un seul des caractères qui le composent. C'est le premier des cinq King, après lesquels viennent les quatre See-chou, puis les livres du troisième rang : ces derniers sont surtout l'ouvrage des Tao-sse. Les premiers King sont regardés comme sacrés : King signifie doctrine vraie, immuable.

6.

tous les livres proscrits depuis, le seul qui se soit trouvé intact.

Kong-tsé est mort l'an 479 avant l'ère des Européens, la quarante-unième année du règne de King-ouang; il n'avait que soixante-treize ans. On prétend qu'au moment où sa doctrine obtint le plus de faveur, avant qu'il fût réduit à errer, en quittant Ting-kong, il réunissait jusqu'a trois mille disciples, partagés en quatre classes (1). De tout ce siècle, où tant de

____

(1) Le Tong-kien-kang-mou fait mention de plusieurs disciples de Kong-tsé à l'époque de leur naissance. Soixante-douze d'entré eux se distinguèrent, et de ce nombre quatre de la première classe, ainsi que deux de chacune des trois autres, méritèrent d'être appelés les dix philosophes. Yen-yven, ou Yen-hoeï, ou Yen-tsé, ou, par la suite, Yen-koué-kong, du pays de Kong-tsé, dont il fut le disciple chéri, était un de ces philosophes de la première classe : il mourut à l'âge de trente-deux ans. Yeou-tsé, ou Tsé-lou, naquit l'an 542; Tsi-tiao, ou Tsé-tsé, en 540; Ju, ou Tsé-ju, en 538. Touan-mou-tsé, ou Tsé-kong, Yen-yong, autrement Tchang-kong, et Yen-kieou, autrement Yeou, na-

princes chez une nation déjà si nombreuse se disputaient avec acharnement des grandeurs stériles, un seul homme est resté, un homme pauvre qui blâma ces ambitieux, et qui les plaiguit : le sage qui s'attachait à instruire les peu-

---

quirent en 520. Pon-tsi ou Tsé-tsièn ne vint qu'en 502, et Min-sun ou Tsé-kien en 501. Beaucoup plus tard, le célèbre Mong-tsé eut des disciples qui recueillirent sa doctrine en dix livres, qu'on a imprimés en Allemagne. Les lettrés conservent aussi la mémoire des Tseng-tsé, des Tchao-yong, des Tchang-tsaï, des Kin-lu-siang, des Hiu-heng; mais ils rejettent Lao-tsé, qui a beaucoup de sectateurs dans d'autres classes. Les quatre philosophes placés à côté de Kong-tsé dans la salle des sages, et seuls honorés, comme lui, du titre de Cheng (saint ou excellent), sont Mong-tsé, puis Yen-tsé, Tsé-tsé, Tseng-tsé. Choo-hi a commenté Kong-tsé il y a huit cents ans, et ses partisans sont encore nombreux : il enseignait un premier principe dont émanèrent une puissance bonne, et une puissance ou une nature imparfaite. Dans les derniers temps, Yu-min-tchong reçut le titre de grand-maître de la doctrine. Vingt-huit siècles auparavant vivait Tsé-ya, dont on a encore les écrits.

ples, ou à les soulager, a seul mérité la vénération de l'Orient, et il vivra dans les souvenirs du genre humain.

Moins occupé du soin de sa gloire que de l'idée d'être utile, Kong-tsé, qui parlait avec éloquence, rappelait sans cesse que sa seule mission était de faire revivre l'ancienne sagesse, et de reproduire les préceptes de Yu, de Chun, de Yao. Sans doute il aura perfectionné, à quelques égards, ces traditions déjà écrites; cependant, on ne saurait distinguer ce qui lui appartient dans les livres laissés par lui-même, ou dans ce que ses disciples ont transmis d'après ses discours. Mais enfin les principes contenus en particulier dans le Chou-king sont de Kong-tsé, ou sont plus anciens que lui. Il importe donc assez peu de vérifier si, par exemple, l'Ezour-Vedam est apocryphe, comme on a soin de le dire maintenant, et si, en le fabriquant, un moine européen imita ou parodia la manière et les principes des Vedes, afin que les Indiens, trompés par ce détour, reçussent plus facilement de certaines idées

nouvelles pour eux. Il suffit de savoir
qu'avant le huitième siècle de Rome,
long-temps auparavant, la morale la
plus élevée était connue sans doute vers
le Gange et l'Araxe, peut-être vers le
Nil, et indubitablement vers le Kiang.

Selon cette doctrine, qui ne le cède
à aucune autre, de l'aveu de quelques
missionnaires (1), cinq vertus facilitent
surtout l'accomplissement des devoirs

____

(1) « On peut dire que la morale de ce
philosophe est infiniment sublime, mais
qu'elle est en même temps simple.....; en
quoi il a un avantage très-considérable non-
seulement sur un grand nombre d'écrivains
du paganisme,..... mais aussi sur plusieurs
auteurs chrétiens, qui ont tant de pensées
fausses ou trop subtiles, qui outrent les devoirs presque partout.... »
Il faut considérer de plus que les missionnaires, en traduisant le Hiao-king (attribué
à Kong-tsé, mais avec incertitude) ou d'autres traités de morale, en affaiblissent quelquefois les pensées, de peur de choquer,
disent-ils eux-mêmes, des préjugés que leur
discrétion désigne seulement sous le nom de
préjugés occidentaux. Voyez *Mémoires concernant l'hist. etc. des Chinois*, t. IV, p. 36.

dans tous les rapports de la vie sociale : ce sont la fermeté, la prudence, la bonne foi, l'amour de l'ordre, et l'amour des hommes. Le Chang-ti connaît tout ce qu'ils font, tout ce qu'ils pensent. « Soyez simple comme la droite raison, disent les sages ; après la mort l'âme devient esprit pur. Agissez envers les autres comme vous voudriez les voir agir à votre égard : cette seule règle sera suffisante. On ne doit répondre aux injures que par les bienfaits ; la nécessité seule peut justifier la guerre, les idées de vengeance seraient toujours coupables. Quand l'homme juste veut attaquer le vice, il est maître de ses passions ; il ne montre ni colère ni joie en rencontrant le mal ou le bien. Le centre de la vraie vertu se réduit à un point, et pourtant c'est de ce milieu qu'il faudra ne s'écarter jamais. Ainsi le sage est timoré, ainsi il paraîtra timide dans ce qu'il entreprendra. L'humilité est fortunée ; c'est sans dessein qu'elle acquiert la vraie gloire. La vertu est douce dans le malheur même : si le matin vous avez écouté sa voix, que vous importe de mourir au déclin du jour? Les gens les plus faibles peuvent faire quelque chose de bon, et si celui qui gouverne les néglige, il ne remplit pas ses devoirs : qu'il se garde de les mépriser; plusieurs sont incapables de science, aucun n'est incapable de vertu. »

Kong-tsé avait une santé forte et une haute stature ; sa physionomie était grave, douce, imposante. Il étudia les lois, et il eut occasion d'opérer des réformes particulières ; c'est ainsi qu'il est regardé quelquefois comme un législateur. Mais c'est sourtout comme moraliste que ce sage de l'Orient (1) est placé au nombre des plus grands hommes : dans le pays des lettrés, la morale est liée essentiellement à la politique, ce qui ne veut par dire que les hommes d'état s'y montrent toujours pleins de droiture et de sagesse.

____

(1) En se proposant de parler en général des anciens philosophes, Fénélon et beaucoup d'autres ont omis Kong-tsé, ainsi que presque tout ce qui n'était pas grec ou romain.

La grande réputation de Kong-tsé eut aussi cette utilité indirecte de rappeler aux princes qu'il est une dignité plus durable que les grandeurs. Environ soixante-dix ans après la mort de Kong-tsé, Ouen-kong, saluant avec respect la maison de Touan-kan-mou, répondit à un courtisan qui s'en étonnait : « Touan-kan-mou est grand par son mérite, et je ne le suis que par les terres qui me sont échues. » Ce même prince consulta, sur le choix d'un ministre un autre lettré qui lui dit : « Observez surtout si l'homme que vous avez en vue est porté à faire part de ses richesses, et à remédier au malheur des gens qui lui sont étrangers; s'il se plaît chez lui; et si, en se contentant du peu qu'il a, il s'occupe de se corriger lui-même. » Le prince donna sa confiance à celui qu'on désignait par ces mots. Si on rapporte ici des particularités semblables, c'est qu'en peignant les mœurs par leurs différences, on donne en moins de mots une idée des pays éloignés.

Lorsque, vers l'an 549, Tsoui-chou,

général du prince de Tcin, l'eut fait assassiner, l'historien de cette province ayant inscrit cet attentat dans les annales qu'il rédigeait, le rebelle l'envoya à la mort. Un autre historien fit aussitôt mention de ce double meurtre, et Tsoui-chou le fit périr ainsi que ses confrères ; mais d'autres écrivains s'étant mis en devoir de transmettre à la postérité ces violences dans toute leur noirceur, Tsoui-chou jugea qu'il fallait renoncer à sévir contre eux. C'est une des circonstances qu'on allègue pour établir que l'histoire de la Chine, loin d'être plus douteuse que celle des pays mieux connus de nous à d'autres égards, mérite une confiance particulière. On convient toutefois que, depuis Kong-tsé, les historiens se montrèrent souvent moins scrupuleux; mais il ne paraît pas que leur complaisance ait jamais égalé celle de plusieurs écrivains des autres régions.

La dynastie des Tcheou s'affaiblissait; elle accordait encore des diplômes, mais la soumission des princes n'était qu'apparente, et il suffit bientôt d'un pronostic, dont le bruit se répandit, pour faire aspirer ouvertement à l'empire les plus puissans d'entre eux. Les continuelles dissensions de ces premiers vassaux ensanglantaient leurs domaines : ces inimitiés, ces intrigues, ces perfidies, cette habitude d'attendre tout du sort des armes, ou du succès des piéges qu'on espère dresser le premier, corrompaient la morale, excepté sans doute chez quelques-uns de ceux qui, vivant loin des affaires, ne se laissaient pas entraîner par le funeste exemple des grands. Etudiée dans les hommes cupides et passionnés qui partout déshonorent le peuple, en intriguant pour se placer à sa tête, l'histoire des Chinois excite à peu près la même indignation que celle des Européens : seulement on paraît y croire davantage à la vertu. Si du reste, ce sont d'autres usages, d'autres traditions, d'autres costumes, ce sont les mêmes vices et les mêmes misères : il ne manque à ces infidèles, pour égaler notre honte, que la dévastation de tout un continent, ou des massacres d'Irlánde, et quelques autres des mémorables journées qui doivent avoir fait ressortir les avantages de nos principes.

Ces luttes fréquentes avaient pour dernier effet de diminuer le nombre des principautés ; on n'en comptait plus que sept sous le règne de Ngan-ouang, au quatrième siècle, avant notre ère. Devenus ainsi plus puissans, les princes de Tsi, de Tsin, de Yen, de Ouei, de Han, de Tchou et de Tchao, s'acharnèrent davantage les uns contre les autres pour se frayer le chemin du trône. Le premier était le plus célèbre comme le plus ambitieux, et il avait de grandes qualités ; mais ce furent les Tsin qui parvinrent enfin à l'empire : leurs troupes presque toujours occupées contre les Tatars, étaient les plus aguerries. Cependant la mort arrêta les projets de Hien-kong ; ses successeurs n'abandonnèrent pas ses plans d'agrandissement, mais on forma des ligues contre eux ; les avantages furent quelquefois balancés, et les princes de Tsi devinrent, même pour ceux de Tsin, des concurrens redoutables. Avec les espérances de l'ambition croissaient les fureurs de la guerre ; on ne faisait grâce à aucun homme armé dans les villes prises d'assaut, et, dans quelques occasions, le champ de bataille fut couvert de plus de soixante mille morts. Il est fait mention d'une journée, en 293, où on doit avoir perdu, d'un seul côté, deux cent quarante mille combattans : ce nombre inspirerait quelque défiance si on ne voyait, peu de temps après, deux armées de six cent mille hommes en venir aux mains.

La faiblesse de l'empereur Nan-ouang avait beaucoup contribué à rapprocher du trône impérial Tchao-siang-ouang ; mais plusieurs anciens rivaux refusèrent de se reconnaître ses tributaires, et, après cinquante-six ans d'efforts, il mourut sans avoir consommé son ouvrage. Hoei-kong, l'unique héritier de la prérogative impériale des Tcheou, fit d'impuissantes tentatives pour réunir les autres princes contre celui de Tsin, Tchuang-siang-ouang, frère de Hiao-ouen-ouang, et après lui, successeur de Tchao-siang-ouang, leur père ; mais aussitôt que Tchuang-siang-ouang en fut instruit, il envoya prendre le faible Hoei-kong, qui, se résignant dès lors à l'état de simple particulier, vécut obscur, et mourut dans l'indigence.

Tsin-chi-hoang-ti, qui passait pour le fils de Tchuang-siang-ouang, lui succéda; il régna trente-sept ans avec plus d'éclat et de faste, avec plus de vigueur que d'humanité ou de justice. Il mit un terme à l'indépendance de toutes les principautés de la Chine, bien qu'il eût en même temps à préserver les provinces occidentales contre les incursions des Hiong-nou, qui, de la grande Boukharie, descendirent ensuite en Europe, où ils sont appelés les Huns : il envoya contre ces peuples trois cent mille hommes, qui les réprimèrent sans les décider encore à se porter vers l'Occident.

C'est alors surtout qu'on s'efforça de fermer les passages des montagnes; on éleva de longs murs afin de rendre presque impossibles des incursions inopinées, qui, sans être formidables, empêchaient de disposer des troupes pour les besoins toujours renaissans de l'intérieur. Quant aux grandes invasions, si peut-être on crut aussi les prévenir, comme le ferait penser l'étendue de ces travaux, ce fut dans le principe une grande erreur; mais on voit que des mandarins en étaient déjà détrompés avant l'ère européenne : le patriotisme seul inspirerait une résistance proportionnée à de tels périls. Le tschan-tschung, ou la grande muraille, fut l'ouvrage des différentes provinces limitrophes. Une longueur d'environ cinq cents lieues, une extrême épaisseur, et la persévérance sans laquelle ce rempart n'eût pu franchir des rocs escarpés, et des montagnes élevées de près de mille toises, suffiraient pour attester la nombreuse population que la Chine réunissait avant qu'il y eût des villes en Europe, excepté vers la mediterranée. On conjecture que l'ancienne muraille a été refaite, en grande partie, du temps de Tchinghiz-khan : les Européens l'ont jugée de construction moderne dans les lieux où ils l'ont examinée de nos jours. Mais cela ne force pas d'attribuer aux derniers règnes, comme l'ont fait quelques savans, des travaux constatés par l'histoire des temps antérieurs. On voit dans les annales de la Chine qu'au milieu du sixième siècle dix-huit cent mille hommes furent employés à consolider, à étendre, ou à rétablir ce mur déjà antique. Cinquante ans plus tard, ce travail fut continué dans quelques cantons.

On doit à Tsin-chi-hoang-ti, le pacificateur de l'empire, des réformes dans les calculs astronomiques ; ce prince avait des talens, et quelques écrivains étrangers l'ont regardé comme un homme de génie, mais les lettrés ne lui ont point pardonné ses violences. On assure que, dans le dessein d'attacher son nom à quelque mesure extraordinaire, Lissé, premier ministre de Tsin-chi-hoang-ti, lui parla à peu près en ces termes : Convient-il à un si grand monarque de suivre les traces de ses prédécesseurs ? Votre famille règnera toujours, chacun sait cela, et chacun vous admire ; il n'y a que ces lettrés qui mettent en doute votre sagesse, sous

prétexte que vous avez immolé vos ennemis et leurs familles entières, quand
vous avez pu les attirer dans quelques
piéges, ou peut-être aussi parce que
vous avez envoyé mille jeunes gens,
avec mille jeunes filles au génie d'une
île, pour en obtenir une herbe magique,
qui devait prolonger à jamais votre vie
nécessaire au monde. Si on laisse auprès des grands tous ces raisonneurs,
ils pourront diminuer l'obéissance, ils
troubleront la paix dont jouissent maintenant ceux qui n'osent vous résister :
il faut que les lettrés s'habituent à de
nouvelles maximes, et qu'ils ne cherchent plus le passé dans leurs livres.
Ordonnez, sous peine de mort, de remettre aux mandarins, pour être réduits
en cendres, le Chou-king et les autres
recueils où il est question à chaque page
de devoirs indépendans de votre suprême volonté. Qu'on brûle tous les
livres, à l'exception de l'histoire de
votre famille. Je propose même de
menacer du dernier supplice, et de
l'extinction de leur postérité, ceux qui
oseront nommer encore les vieux écrits,

ainsi que les mandarins qui ne feront pas exécuter ponctuellement cet ordre salutaire.

Du vivant de Kong-tsé, comme dans les premiers temps, l'empereur n'avait conservé sous ses ordres immédiats qu'une seule province; les autres s'étaient trouvées partagées d'une manière qui rappelle les fiefs de l'Occident. Ces vassaux recevaient de l'empereur l'investiture; ils lui devaient foi et hommage, ils étaient cités à son tribunal. Un capitaine nommé par ses égaux, et qui ensuite distribue à ses officiers, moyennant quelques redevances, le fruit de leurs rapines; voilà presque toujours le commencement des empires. Chez les Chinois, les mœurs patriarcales ont pu modifier cette sorte d'institution; mais ces mœurs paraissent n'avoir régné pleinement que vers l'Arabie, dans une faible partie de la terre: c'est une exception due à quelque sage, et dont les historiens ne sauraient montrer l'origine. Durant les premières dynasties des Chinois, chaque prince administrait en maître le pays que ses pères lui avaient laissé, ou que l'empereur lui concédait, et il pouvait y publier de nouvelles lois, pourvu qu'elles n'eussent rien de contraire à la législation générale. Cette sorte de hiérarchie n'avait pas eu d'inconvénient peut-être, tant que l'harmonie avait été entretenue par les utiles progrès de la véritable industrie. Celle-là occupe les esprits sans exciter les passions; elle rendait suffisant le principe d'une piété filiale « embrassant tout l'état, selon le Hiao-king, et ne commençant ou ne finissant à personne pour le bien de tous. » Mais avec le temps, et spécialement sous la dynastie des Tcheou, les grands vassaux parvinrent à un degré de puissance incompatible avec le repos de l'empire. En proscrivant les livres, Tsin-chi-hoang-ti, que Warburton accuse seulement de s'être attribué une autorité sans bornes, paraît avoir eu surtout pour objet de brûler les titres des princes qu'il voulait dépouiller. Si, au lieu d'augmenter seulement les abus de cette sorte de féodalité, Ou-ouang, le premier des Tcheou, l'avait introduite, comme vient de le supposer un savant, les livres des Chinois sur les principes des premiers siècles n'eussent pas été visiblement favorables à cette institution, et Tsin-chi-hoang-ti, que M. Klaproth voudrait défendre, n'eût pas résolu de brûler le Chou-king, le Li-ki, le Hiao-king. Il se peut qu'à divers égards les lettrés n'aient pas rendu assez de justice à ce prince ; ils considéraient que s'il eût réussi à détruire les livres, il eût réduit à peu de chose la force morale des institutions, en les séparant de cette philosophie sans laquelle les esprits étendus ne peuvent s'y attacher entièrement. Quant à la vertu, comment le vulgaire la conserverait-il en voyant la volonté d'un homme décider du sort des nations ? Ce ne serait plus une véritable société ; il faudrait recourir à l'imposture, si féconde en expédiens coupables : on aurait les maux de l'état sauvage, plus la mollesse et la lâcheté, plus la dissimulation et la servitude.

L'empereur suivit promptement un conseil qui pouvait venir de lui-même, il ordonna la destruction des king. Les annales chinoises lui reprochent en cela de n'avoir pas du moins consulté les grands ; mais pouvait-il prendre leur avis sur une mesure dirigée contre eux ? Le but de Tsin-chi-hoang-ti paraissait conforme à la politique ; son malheur fut de choisir avec passion, ou peut-être avec peu de discernement, un moyen qui exigeait des rigueurs à la fois odieuses et insuffisantes. Il faut avoir le courage d'abandonner les plus vastes projets, quand l'exécution n'en peut être équitable, ou suppose trop de dureté, quand elle laisse trop d'incertitude, quand elle est condamnée par les esprits sages et indépendans.

On s'informa de tous les lettrés qui blâmaient cette résolution du gouvernement ; quatre cent soixante d'entre eux furent destinés à mourir enterrés dans de grandes fosses. Le fils même du despote, ayant fait entendre quelques murmures, reçut l'ordre de s'éloigner. Peu de temps après on trouva ces mots inscrits sur une pierre qu'on disait tombée du ciel : « Tsin-chi-hoang-ti périra bientôt, et on partagera ses états.» Les mandarins n'ayant pu découvrir les auteurs d'une telle insulte, on livra indistinctement à la mort tous les habitans du district où cette pierre avait été aperçue; mais la prédiction parut s'accomplir, du moins au degré suffisant pour constituer une prophétie. Dès l'année suivante, l'empereur mourut avant d'achever la visite des provinces méridionales, et sans avoir désigné son successeur. Les eunuques intriguèrent pour placer sur le trône celui de ses fils dont ils attendaient le plus dans leurs propres intérêts. Sa conduite fut plus odieuse encore que celle de son père, dont il n'avait pas les qualités hardies. Un de ceux à qui il devait le trône fut l'implacable dépositaire de son autorité; mais les traits de dévouement héroïque que provoquaient pour ainsi dire cette tyrannie et ces cruautés annonçaient, par leur nombre, une sorte d'exaltation de vertu que peu de peuples ont poussée plus loin.

Au milieu de la confusion qui résultait d'un gouvernement aussi vicieux, on a vu s'élever un simple chef de village, Lieou-pang : les commencemens de sa destinée politique ont eu quelque chose de romanesque. Les révoltés furent d'abord combattus avec avantage par Tchang-han, général du lâche et indolent Eulh-chi-hoang-ti ; mais chaque jour l'eunuque Tchao-kao, plus dur encore que son maître, augmentait le nombre des mécontens. Tchang-han éprouva enfin quelques revers ; comme il avait lieu de craindre d'en être puni injustement, il abandonna le parti de l'empereur. Déjà Lieou-pang qui, deux ans auparavant, ne s'était montré qu'à la tête d'une petite troupe, commandait une armée. Sachant enfin les progrès de la rébellion, l'empereur fit des reproches à l'infâme Tchao-kao, en horreur au peuple. Cet homme considéra comme une dernière ressource la perte de son maître ; il y eut un soulèvement apparent dans l'enceinte même du palais, l'empereur s'effraya et se poignarda. Mais l'eunuque fut châtié par le prince même avec qui il avait résolu de partager le fruit de sa perfidie ; et Lieou-pang ayant de nouveaux succès, Tse-Yng, dernier héritier des Tsin, lui remit humblement les attributs de la dignité suprême. Licou-pang prit aussitôt la route de la capitale, qu'il livra au pillage, mais en défendant du moins de maltraiter personne. Il lui fallut encore près de quatre ans pour se faire reconnaître dans toutes les provinces, pour mettre un terme à diverses entreprises ambitieuses comme la sienne, et nées comme elle du désordre général.

Le luxe du palais des empereurs le séduisit, et il s'y oubliait. De sages avertissemens lui firent sentir le danger de cette inaction ; il partit pour les provinces qui n'étaient pas soumises sans retour : ses proclamations, et une conduite qui les confirmait, y ramenèrent l'espérance. Il avait surtout pour compétiteur Hiang-yu, qui, disposant d'une armée nombreuse, marcha sur la capitale, la détruisit, en massacra les habitans, brûla le palais dont Licou-pang n'avait rien enlevé, proclama empereur Hoai-ouang, qu'il ne tarda pas à faire assassiner, et publia le partage de la

Chine en vingt principautés, à la tête desquelles il mit en partie ses capitaines. Hiang-yu, qui avait pris le titre fastueux de Pa-ouang, vit enfin Lieou-pang venir à sa rencontre, comme chef d'une ligue des princes mécontens, et suivi de cinq cent mille hommes. Mais ce grand capitaine s'étant laissé surprendre dans un lieu où l'abondance des vivres avait fait négliger la discipline, une charge de cavalerie lui enleva, dit-on, deux cent mille soldats culbutés dans une rivière, dont les cadavres interrompirent le cours. Il eut besoin de beaucoup de prudence pour rétablir ses affaires, et même il se trouva réduit à demander la paix : toutefois cette démarche n'eut pas de suites, et il fut tiré de ce péril par l'admirable fidélité d'un de ses lieutenans.

Lieou-pang ayant réparé cet échec, et les deux armées étant assez rapprochées, Hiang-yù propose à son rival de terminer leurs différends par un combat singulier. « La justice de ma cause, répond Lieou-pang, n'est point fondée sur les forces du corps, mais sur la prudence et la vertu : dites à votre maître qu'il est cruel, faux et injuste. Les peuples l'ont en horreur, ils ne le veulent point pour maître ; je n'ai pris les armes que pour purger l'empire de misérables comme lui. » Ces reproches étaient fondés ; mais, l'année suivante, il se trouva que le héros avait pris les armes pour s'emparer du trône impérial. Hiang-yu manqua de vivres, il fut défait, et après avoir vaincu soixante-dix fois en huit années, selon son propre calcul, il n'eut d'autre ressource, malgré un courage qui ne se démentit pas, que de se jeter dans une gorge de montagnes où il se donna la mort. Son rival ne négligea pas de lui faire élever un tombeau, et de conserver à son père le titre de prince. Lieou-pang restait le maître de l'empire ; mais il fallait que quelqu'un le suppliât de se déclarer, et de prendre le titre de Hoang-ti : les grands ayant eu cette heureuse idée, il voulut bien céder à leurs instances.

TROISIÈME PARTIE.

(Près de quinze siècles.)

1°. LES HAN ET LES HEOU-HAN.

(Cinquième et sixième dynasties.)

LE règne de Licou-pang, ou Kao-hoang-ti, commença l'an 202 avant l'ère moderne de l'Occident. Il désirait faire oublier les maux des guerres intestines. Il accorda une amnistie dont on ne dit pas que ceux qu'elle devait concerner aient été exceptés, et il ramena la confiance par un rescrit conçu en ces termes : « Vous, mes peuples, que je porte dans mon cœur, cessez de craindre. Votre prince est avec vous, prêt à vous défendre. Que le vieillard revienne au milieu de sa famille, et le cultivateur dans ses terres. Que les écoles publiques se rouvrent, et qu'on choisisse des maîtres habiles qui traitent leurs disciples avec douceur. J'exempte les marchandises de tous droits pour cette année ; je dispense les peuples de payer le tribut jusqu'à ce que cela leur soit facile. »

Un de ses ennemis , l'héritier des Tsi, ne profita point de cette clémence. Il s'était réfugié dans une île avec une suite de cinq cents personnes ; l'empereur lui envoya dire de venir sans crainte dans la capitale ; mais Thien-hong, qui avait d'autres reproches à se faire, s'arrêta en route, il se poignarda, et tous ceux qui l'avaient suivi dans sa retraite se donnèrent aussi la mort. C'est une résolution que les anciens Chinois prenaient facilement ; rien n'est plus commun dans leur histoire : leurs sages, et plus encore peut-être les moralistes japonais, auront vu avec trop d'indulgence cet acte inconsidéré, puni plus sévèrement par d'autres législateurs que l'iniquité des heureux.

Kao-hoang-ti ne se borne pas à faire des réformes utiles, il veut tout régler ; il contribue à substituer les formes au fond des choses ; il achève de rendre le cérémonial minutieux et vain; il ne craint pas que de si humbles respects ne dégénèrent en habitudes serviles. Malgré la modération, la pénétration, la droiture même qu'on voit souvent en lui, de graves injustices lui échappent, et il manque de cette force qui surmonterait sans interruption les obstacles de la prospérité.

Les Hiong-nou avaient insulté les frontières avant la fin du règne de Tsin-chi-hoang-ti, et l'infidélité du commandant d'une place les leur avait ouvertes. L'an 200 le nouvel empereur marcha contre les barbares, qui lui tendirent un piége; se croyant heureux de se tirer de leurs mains, il ne dédaigna pas d'accepter une trêve et de conclure une alliance. Ce revers ne le corrigea pas de ses inclinations trop exclusivement militaires; il n'avait point fait d'études, et il dit un jour à un lettré célèbre : « C'est à cheval que j'ai conquis l'empire, ai-je besoin de vos livres? » Pour le gouverner, répondit Lou-kia, il faut d'autres moyens que pour s'en emparer; et il composa le

Sin-yu, qui donna à l'empereur plus d'estime pour les livres. Peu de temps après, en revenant d'une expédition contre un rebelle, ce prince visita, dans des vues politiques, le tombeau de Kong-tsé. A l'âge de cinquante-trois ans, il vit les approches de la mort avec une fermeté qui rappelait son ancien héroïsme. Il laissa l'empire à l'aîné de ses fils, son héritier dans l'ordre ordinaire; mais, comme il avait eu quelquefois le dessein de lui préférer l'enfant d'une autre de ses femmes, l'impératrice ne tarda pas à se venger d'elle avec une barbarie qui révolta même le jeune empereur, et qui lui inspira longtemps pour les affaires un éloignement funeste.

Lorsqu'enfin il s'y livra, il eut un bon ministre, et il n'est resté de son gouvernement que des souvenirs heureux. La quatrième année de son règne, il révoqua l'espèce d'interdiction qui, plus de vingt ans auparavant, avait frappé le Chou-king et tant d'autres ouvrages. Le Tchun-tsieou de Kong-tsé avait échappé aux recherches. Quant au

Chou-king, on parvint plus tard à le rétablir en grande partie. Hiao-hoei-ti eut aussi le bonheur d'éviter une guerre avec Mété, qui avait triomphé un moment de Kao-hoang-ti, et dont le fils reçut des mains d'un autre empereur une princesse en mariage. Après la mort de Hiao-hoei-ti, sa mère administra durant la minorité d'un enfant introduit comme appartenant à sa belle-fille.

Un autre fils de Kao-hoang-ti disait dans un édit : «Je manquerais à mes engagemens si je ne soulageais pas les malheureux et les vieillards : tout homme pauvre et âgé de quatre-vingts ans sera nourri, vêtu et chauffé aux frais de l'état. Je veux aussi qu'à l'avenir les fautes ne retombent ni sur les pères des coupables, ni sur leurs héritiers.» Durant ce même règne on transgressa cette dernière disposition. L'histoire de la Chine avait fréquemment offert, et elle offrit encore des exemples de cette justice égarée par la passion, de cet instinct vindicatif qui, pour affliger davantage un père, s'acharne sur ses enfans irréprochables. Quatre-vingts ans après cet édit si juste et sitôt oublié, le président du tribunal de l'histoire fut fait eunuque, de peur que ses descendans n'imitassent son indocilité.

La civilisation n'avait fait que peu de progrès dans les provinces méridionales de la Chine actuelle, et la plus grande partie de ces contrées ne payaient même que des tributs incertains. Lorsque Tchao-to, prince de Nan-yuei, après s'être laissé qualifier d'empereur dans un temps de troubles, résolut de rendre hommage au vertueux Hiaouen-ti, le fier vassal ne conserva d'autre titre que celui de grand chef des barbares du sud.

Quelques visionnaires voulant abuser de la piété de cet excellent empereur, les mandarins lui présentent un rapport où on lit ce passage, qui seul répandrait beaucoup de lumière sur la véritable croyance de la Chine, sur celle des lettrés : « Où ces imposteurs ont-ils appris que les génies se rendissent visibles, et qu'ils eussent une forme ou une couleur? Depuis l'antiquité la plus reculée, a-t-on ouï dire qu'il y eût d'autre maître que le Tien, et qu'on dût sacrifier à quelque autre puissance? » Mais les doctrines pernicieuses avaient fait des progrès. Instruits dans l'art inépuisable d'abuser les esprits, des fourbes multipliaient les dogmes; ils sculptaient de saintes figures, et ils supposaient des prodiges.

Au sortir de l'enfance Han-ou-ti succède à Hiao-king-ti, mort à l'âge de quarante-huit ans. En vain le mérite de Tong-tchong, qui sait ramener au bien deux frères du jeune empereur, et les leçons du vénérable Chin-kong redonnent au milieu de la cour quelque ascendant aux anciens principes, que seconde le bon naturel du prince; sa mère, subjuguée par les tao-sse, redoute la morale sévère des disciples de Kong-tsé. Elle parvient à faire punir de mort un censeur de l'empire, dont le crime est de n'avoir pas fermé les yeux sur quelques désordres commis dans le palais. Il suffit d'ailleurs des plaintes d'un grand pour que l'empereur lui-même enjoigne aux censeurs de se borner à surveiller la conduite des particuliers.

Réprimer les faibles, et laisser les autres impunis, c'est l'art d'un homme faible lui-même, lorsqu'il veut absolument se donner le plaisir de gouverner : on prépare ainsi les dissensions les plus funestes, mais on est séduit par le repos apparent qui les précède. Han-ou-ti manquait souvent de fermeté ; pour s'emparer de son esprit, pour suspendre l'effet de ses bonnes inclinations, les imposteurs les moins adroits, les moins circonspects, n'eurent besoin que de lui promettre de le rendre immortel. Il reconnut enfin publiquement son erreur, ainsi que la perversité de ces dévots personnages. Honteux de s'être égaré à ce point, il ordonna leur expulsion, et celle des nombreuses magiciennes, qui les aidaient de toutes leurs forces ; mais de telles gens ont toujours des amis qui les cachent, ou des partisans qui les rappellent ; et on pense bien que ce noble repentir diminua peu le nombre des dupes.

Un envoyé des Hiong-nou parut à la cour de Han-ou-ti. Le conseil était souvent partagé à l'égard de ces peuples; il paraissait également difficile et de les réduire par les armes dans leur pays, où ils avaient peu de demeures fixes, et d'éviter qu'ils insultassent les frontières, si on renouvelait avec eux des alliances qui n'étaient peut-être qu'une ruse de leur part. Neuf ans après ils essuyèrent une défaite sur le sol de la Chine, et l'année suivante la victoire fut indécise; enfin deux généraux habiles étant allés les attaquer au-delà du désert de Cha-mo (nommé Cobi par les Tatars), remportèrent sur eux des avantages qui ne pouvaient être décisifs, et qu'on acheta chèrement. Environ soixante ans plus tard, les divisions de ces peuples les affaiblissant beaucoup, leur chef ou Tchen-yu consentit à se reconnaître vassal de l'empire : Han-siuen-ti reçut son hommage. A cette époque les Gaulois également désunis cédaient à la fortune de César. On prétend qu'à l'exception du pays de Ki-pin ou de Samarkand la domination de la Chine s'étendit alors jusqu'à la mer Caspienne : ce fut le moment de sa plus grande puissance dans des temps reculés ; dès le règne suivant elle perdit quelque chose de cette splendeur.

Han-ping, le Pacifique, monta sur le trône au commencement de notre ère. Les ambassadeurs de deux pays situés au midi du Ngan-nan, ou Tong-king, paraissent être venus lui offrir l'un, des tributs, et l'autre, des hommages. Mais, comme l'a observé M. Klaproth dans ses mémoires, les Chinois aiment à prendre pour des signes de dépendance de simples présens d'amitié. Ils ont compté au nombre de leurs vassaux les Espagnols, ainsi que les Hollandais, auxquels Chun-tchi, en 1655, ne permit d'apporter le tribut que tous les huit ans ; ils supposent qu'ils reçoivent celui de la Russie par Kiaktha, et c'est, ajoutent-ils, pour apporter le leur que les Anglais traversent deux océans (1). Cela vient de ce que Chang-kwo (la

____

(1) Kang-hi lui-même disait : Aussitôt que les Européens ont pris un lion, ils me le font présenter ; sans trop m'en soucier, je le re-

nation centrale, la Chine) est la souveraine du monde, comme l'assurait son empereur, en 1816, après avoir porté la clémence jusqu'à renvoyer, sans le punir, un ambassadeur de la Grande-Bretagne.

L'ambition d'Ouang-mang troubla l'empire; une impératrice lui avait conféré trop de pouvoir. En sacrifiant un des héritiers du trône, il parvint à y monter; mais il y eut des soulèvemens pour rétablir ces princes, et, après quelques années de résistance, Ouang-mang périt dans la capitale. En occupant ensuite le trône, Leou-hiuen n'établit pas sa cour à Tchang-ngan, mais à Lo-yang : il succomba bientôt.

Son successeur, qui descendait aussi de King-ti, resta dans la même ville, et commença cette branche de la cinquième dynastie, qu'on nomme des Han orientaux; il s'acquit une grande popularité par sa valeur, sa prudence, sa modé-

çois, parce que je suis touché du zèle que montrent pour mon service des gens si éloignés de nous.

ration. Avant de publier une amnistie
générale, il brûla, sans vouloir la lire,
une liste des officiers qui avaient suivi
d'autres bannières. Il eût désiré ne
faire valoir ses droits au trône, qu'en
terminant toutes les discordes; mais
malgré sa vigilance et l'estime générale dont il jouissait, les chefs de parti
se trouvaient si nombreux que cette
pacification exigea douze années. Dans
une autre circonstance, il fit dire au
gouverneur d'une place où on avait
reconnu son rival : Ne craignez rien,
l'empereur ne punit point l'injure faite
au prince. C'est par de semblables
maximes de conduite, plus encore que
par ses talens militaires, qu'il détruisit
successivement les prétentions de ceux
qui s'étaient promis du malheur des
temps ou de grands triomphes, ou du
moins l'impunité. L'amour de la paix
engagea Kouang-ou-tià souffrir quelque
chose des Hiong-nou; on consentit
même, l'an 52 de notre ère, à l'alliance
que demandaient ceux du nord : plus
faibles, ceux du midi restèrent vassaux
de la Chine.

Depuis long-temps le Kiao-tchi ou Nan-kiao dépendait en grande partie de l'empire. C'est aujourd'hui l'Annan, repos du midi; il comprenait le Tong-king, cour de l'Orient, et le pays de Chang ou la Cochinchine. Les exactions du gouverneur chinois y mécontentèrent le peuple, et une femme entreprit de le délivrer. Elle se mit à la tête du soulèvement, se ménagea l'appui de quelques royaumes voisins, battit les garnisons impériales, enleva soixante-cinq villes, et se fit proclamer reine du Kiao-tchi; mais l'armée que l'empereur envoya n'éprouva pas une longue résistance.

Sous le règne de Han-ming-ti, fils et successeur de Kouang-ou-ti, vers l'an 65, les sectateurs de Fô, ou Bouddha, s'introduisent dans la Chine, et y répandent le dogme de la transmigration des âmes. Les lettrés, qui apparemment ne prennent pas la peine de les bien entendre, les accusent constamment de reconnaître le vide pour principe de toutes choses. On peut supposer que quelques ho-chang (1) adoptent cette étrange hypothèse, mais sans doute ce n'est pas un dogme fondamental dans une religion suivie par des peuples entiers.

On ne voit pas que les historiens chinois distinguent du lamisme le bouddhisme, ou culte de Fô, religion originaire, selon eux, des contrées du Gange, et que des empereurs autorisèrent spécialement, malgré les représentations des disciples de Kong-tsé. Le lamisme paraît une des branches

----

(1) Lamas chez les Tatars ; chez les Japonais, bonze, qui signifie moine, desservant, ou sacrificateur.

Il se trouve partout un grand nombre de gens qu'on ne renferme pas dans la maison des insensés, parce que leur manie n'est point furieuse, et n'empêche point de les charger de travaux utiles : ces sortes de personnes ne sont pas fâchées d'avoir une religion de leur goût. Au-delà du Gange, c'est un ho-chang, un bonze, un talapoin qui leur procure cette jouissance : rien ne manque, dit-on, à la stupidité de son dévôt enseignement, ou quelquefois à la turpitude de ses supercheries.

principales du bouddhisme ; l'un et l'autre appartiennent au shamanisme, doctrine qu'on croit fort ancienne, qui du moins, ajoute-t-on, fut certainement accréditée onze siècles avant notre ère, et qui a des rapports assez frappans avec les croyances de l'Europe. Cette dernière observation a été faite surtout à l'égard du lamisme ; et tandis que les lettrés chinois considèrent la nation russe comme livrée aux erreurs de Bouddha, quelques-uns des nôtres, qui veulent absolument que les instituteurs de nos pères aient été ceux de l'espèce humaine, ne manquent pas de faire des lamas des prêtres chrétiens dégénérés. De Guignes lui-même, en rappelant qu'il est parlé chez les Chinois des ho-chang de Ta-tsin, ou de Rome, au lieu d'en conclure que les Chinois n'ont pas su distinguer des lamas les prêtres de la moderne Europe, aime mieux prétendre que par Fô on entend presque le fils de Marie, et qu'il n'a tenu à rien qu'un jour la Chine ne se trouvât entièrement chrétienne. Le lamisme a été long-temps inconnu dans le Tubet,

qui en est aujourd'hui le siége principal;
mais le culte de Fô s'y était introduit.
Quand il pénétra dans la Chine, selon
l'observation de M. Lanjuinais, elle ne
le reçut pas des montagnes de Lassa,
mais de l'Inde orientale. Le bouddhisme est une secte, une réforme de
la loi de Brahma, dont le bouddhisme
a retranché la fatale institution des
castes : sans doute en se corrompant
elle-même, cette réforme est devenue
le lamisme. Mais est-il certain que le
brahmanisme et le shamanisme ne soient
pas également originaires des vallées de
l'ancien Imaüs? Les cultes erronés, ou
révélés par des hommes, se trouvent
toujours entés les uns sur les autres;
pour exciter à la fois et la vénération et
le fanatisme, ils se montrent antiques
et nouveaux. Si, malgré les lettrés, les
mystères des sectateurs de Fô inondè-
rent facilement la Chine, les lettrés
même y avaient donné lieu. Quelques-
uns des maîtres de la doctrine avaient
cherché à peindre l'homme juste, et
comme l'image du beau est toujours
dans l'éloignement, ils avaient dit que

le grand lettré, le tsé, pourrait venir de l'Occident : d'après leur position géographique, précisément contraire à la nôtre, ils ne connaissaient de terres reculées que du côté où ils voyaient finir le jour. Ainsi que d'autres peuples, celui de la Chine devait être subjugué par quelque imposteur né au loin, et dont on pourrait raconter des merveilles.

Complices des prêtres de Fô, les magiciens entretinrent par des prédictions flatteuses l'ambition des frères de l'empereur ; il se crut obligé d'exiler un de ces devins, et d'envoyer au plus opiniâtre l'ordre de mourir. Des milliers d'hommes périrent dans cette circonstance, et pourtant on ne sévit pas contre tous les coupables. Dix-huit siècles n'ont pu abolir ces superstitions trop chères au peuple ; mais elles n'ont compté jusqu'à nos jours que peu de prosélytes dans les classes instruites, et cette circonstance, particulière à la Chine, mérite d'être remarquée. Les hommes qui ne regardent pas la raison comme inutile n'y sont point rares ; ils y sont moins séparés qu'ailleurs de la masse du peuple. Malgré les difficultés d'une langue qui n'a point subi les révolutions des âges, la classe moyenne et sensée est nombreuse à la Chine, et elle paraît l'avoir été dès le commencement; c'est sans doute la première cause de la force morale de cet état, qui est frappé d'une sorte de langueur aux yeux des Européens, mais qui du moins subsiste au milieu de tant de ruines de l'ancien monde.

Les Hiong-nou du sud et ceux du nord se sont réconciliés; vers l'an 72, ils recommencent à faire des incursions dans les provinces de la Chine. On remporte sur eux plusieurs avantages, et les petits royaumes voisins des frontières redeviennent tributaires. Des divisions éclatent de nouveau chez ces peuples, et ceux du nord, que leurs guerres contre la Chine viennent d'affaiblir, se soumettent aux Sien-pi, horde tatare qui devient formidable au milieu du second siècle. Au contraire, ceux du midi, voyant que plusieurs provinces souffrent d'une disette occasionée par des pluies et des tremblemens de terre, essaient d'en faire la conquête, à laquelle un Chinois même ne craint pas de les exciter, mais ils sont repoussés avec une grande perte.

Han-chun-ti, avant le milieu du second siècle, est un des empereurs qui laissent le plus d'autorité aux eunuques; oubliant qu'ils ont préparé la ruine de la première dynastie, il donne des principautés à plusieurs d'entre eux, et même il veut qu'elles passent en héritage aux enfans qu'ils adopteront. Ces faveurs et l'abus qu'ils en font, excitent plusieurs soulèvemens qui pourraient avoir les suites les plus graves; mais Tchang-kang, personnage généralement estimé, que l'empereur envoie contre les plus redoutables des rebelles, sans même lui donner une escorte, les réprime par la seule autorité de son nom et de ses discours. La castration fut d'abord un châtiment, et ceux qui l'avaient subie gardaient chez le monarque les portes du palais, ou celles de l'appartement des femmes; ensuite on fit des eunuques, pour cet emploi; enfin leur ascendant, sous les

princes faibles, devint un des principaux moyens de l'intrigue, pour se
substituer à l'autorité légale. C'est une
impératrice qui, par simplicité, introduisit cet usage ; elle ne croyait pas
pouvoir avec bienséance parler aux
grands, et leur donner directement des
ordres ou des instructions. On a vu
dans la Chine jusqu'à dix mille eunuques revêtus de différentes charges. Depuis le règne de Siuen-tsong jusqu'au
dixième siècle, où les eunuques furent
encore en faveur sous Tchuang-tsong,
ils formèrent dans l'intérieur du palais
une sorte de tribunal ou de conseil particulier, pour l'examen de toutes les
propositions des ministres. Il n'en résulta que des désordres ; l'état n'est
jamais heureux quand ceux qui exercent l'autorité paraissent méprisables.

Han-chun-ti regarde comme de si-
nistres présages des tremblemens de
terre qui se succèdent rapidement, il
meurt de crainte. Parmi les mécontens
qui se déclarent aussitôt, en prétextant
l'indigne faveur accordée aux eunuques,
deux chefs entreprenans, Hoa-mong et

Ma-mien se font proclamer empereurs, l'un dans le Kiang-nan, et l'autre dans le pays de Li-yang, mais ils périssent après avoir perdu des batailles. Indépendamment même de ces entreprises audacieuses, le droit de succession continuant à n'être pas assez déterminé occasionait souvent des cabales. Un des jeunes princes de Han, sur la tête duquel on mit la couronne, ayant montré un caractère digne de son rang, fut aussitôt empoisonné par Leang-ki, frère de l'impératrice mère : il voulait un prince faible, afin de régner sous son nom. Cependant un nouvel empereur, Han-houen-ti, ne montra pas plus de docilité ; il se lassa d'être en tutelle, Leang-ki fut réduit à se donner la mort. Après sa chute, l'empereur voulait appeler auprès de lui six lettrés dont on vantait la prudence ; mais, ne croyant pas à un changement durable, ils refusèrent tous de se rendre à la cour. Un d'eux, que l'on pressait à cet égard, observa que l'empereur entretenait mille femmes et plus de dix mille chevaux, qu'il souffrait auprès de lui une troupe de bonzes, dont la doctrine déshonorait l'empire, que les eunuques s'étaient emparés du pouvoir, et que sûrement on n'avait pas le dessein de mettre un terme à tous ces désordres, Le crédit des eunuques augmenta; on sacrifia même quelques grands qui n'avaient pas dissimulé leur indignation, et, si la fermeté de plusieurs autres engagea l'empereur à congédier cinq cents femmes, là s'arrêta la réforme.

Sous ce même prince, les Sien-pi, ces Tatars qui s'étaient emparés précédemment du pays des Hiong-nou du nord, se joignirent à ceux du midi, et ravagèrent trois provinces dans l'espace de peu d'années. Il fallut aussi marcher contre les Kiang, que l'on battit. Les dévastations des Sien-pi recommencèrent durant l'année 163, mais la vanité chinoise s'en consola trois ans après, en recevant un envoyé du Capitole : le César était alors Marc-Aurèle. Les fastes du Céleste Empire ont daigné faire mention des respects de ce petit prince lointain.

Le jeune Han-ling-ti a remplacé

Han-houon-ti, et l'impératrice régente commence à employer des hommes intègres; mais bientôt les filles du palais, en se concertant avec les eunuques, la subjuguent : sans doute elle ne soupçonne pas cette association d'un genre inusité. Cependant les eunuques, après l'avoir fait enfermer, donnent la mort aux plus recommandables de leurs ennémis, en persuadant à l'empereur que tout ce tumulte est la suite d'un complot tramé pour sa perte, et qu'ils ont déjoué. Dès le premier moment on sacrifie mille lettrés, et six cents familles : ces proscriptions se prolongent. L'eunuque Ouang - fou et ses adhérens font périr plus de dix mille personnes dans l'espace de cinq années. Leur avidité, leurs exactions fournissent enfin des preuves matérielles; Ouang-fou, mis en jugement, reçoit l'ordre de mourir. Cependant ses collègues continuent leurs machinations; ils font de nouvelles victimes, mais ils ont l'imprudence d'immoler Ho-tsin, grand général de l'empire : Yuen-chao veut le venger, ét, en 189, il massacre tous ces eunuques.

Dans ces temps de délire, un homme se met à conjurer, avec des paroles mystérieuses, une maladie dans laquelle l'imagination est surtout affectée; il se procure une telle vogue, il réunit tant d'élèves, qu'enfin il aspire au trône. Ce projet, découvert au moment où les séditieux vont prendre les armes, coûte la vie à plus de mille d'entre eux; mais l'imposteur Tchang-kio, loin de se déconcerter, se montre à la tête d'une bande innombrable, et prend le titre de général du ciel. Sa défaite et sa mort ne terminent pas cette révolte; les Bonnets-Jaunes ne seront entièrement réduits que par Tsao-tsao huit années après. C'est au milieu de ces désordres et sous Ling-ti qu'on a gravé les king, en trois sortes de caractères, sur quarante-six tables de marbre : brisées sept cents ans plus tard, elles sont devenues les matériaux d'un temple de bonzes.

L'audacieux Tong-tcho, qui dispose du trône, sans l'occuper lui-même, fait brûler la ville de Lo-yang, et veut que l'empereur réside de nouveau à Tchang-ngan. Les maux des peuples deviennent intolérables ; Tsao - tsao, Sun-kien et d'autres chefs se liguent contre l'odieux Tong-tcho ; mais leurs jalousies le rassurent, et il affecte l'empire. Il fonde, à cinq lieues de Tchang-ngan, la ville de Meï-ou, la fortifie, l'approvisionne pour long-temps, et rassemble dans son palais huit cents concubines ; mais un de ses affidés, que fatiguent ses violences, consent à lui ôter la vie, et les richesses du rebelle sont reportées dans le trésor impérial.

Ne pouvant arrêter ces divisions, au milieu desquelles périt Hoan-yu, célébré par les Chinois comme un de leurs plus grands capitaines, l'empereur se jette dans les bras du brave Tsao-tsao, qui exerce dès-lors la double autorité de premier ministre et de généralissime. Il termine glorieusement une expédition contre les Tatars, et il rétablit l'ordre dans la capitale ; mais son zèle n'est pas aussi heureux dans les provinces : elles restent agitées par de nouveaux prétendans au trône, que les Han paraissent incapables de conserver.

Hien-ti fut en effet le dernier des Han proprement dits, auxquels succédèrent les Heou-han ou les Han postérieurs. Alors la principauté de Oueï, que Tsao-tsao se fit donner, et celle de Ou, que s'attribua Sun-kien, formèrent des états puissans : ce partage du pays en trois souverainetés est appelé le San-koué. Il commença l'an 221, et dura quarante-trois ans; mais quelques parties du nord de la Chine restèrent deux ans de plus entre les mains des Oueï; et, durant quatorze autres années, les Ou gardèrent en leur pouvoir des provinces méridionales au-delà du Kiang, près de la mer.

Han-hien-ti avait renoncé au trône en faveur de Tsao-pi, fils et successeur de Tsao-tsao. Mais Lieou-pey, héritier des Han, se laissa persuader de reproduire cette dynastie dans une autre branche; il prit le nom de Tchao-lie-ti, ainsi que le titre d'empereur, que s'arrogeaient les Ou et les Oueï, mais que l'histoire n'a pas consacré à leur égard.

La capitale des Han postérieurs fut Tching-tou dans le Ssé-tchuen ; leur domaine était borné, il leur eût été très-difficile de soumettre le reste de l'empire. Le peuple, qu'avaient appauvri toutes ces entreprises ambitieuses, souffrit encore des rivalités de trois dynasties. Dans les événemens publics, la plupart des chances sont funestes aux nombreuses familles qui vivent paisibles ; le bonheur du peuple exige la durée d'un ordre réel, et cela même doit faire sentir que le seul objet de l'ordre est ce bonheur du grand nombre.

Han-heou-tchu, dont le règne commence en 223, ne s'occupe que de ses plaisirs ; tombé dans le mépris, il est obligé de se livrer à Teng-ngai, général du royaume des Oueï. Le fils de l'empereur ne veut pas se soumettre ; tout lui paraissant désespéré, il abat les têtes de ses enfans et de sa femme, et il se tue lui-même. Teng-ngai conseille à Ssé-ma-tchao, prince de Tcin, qui vient de s'emparer du pays de Chou, d'attaquer le royaume de Ou, afin de le réunir aussi au royaume des Oueï. Ssé-ma-tchao n'adopte point ce projet; mais, après sa mort, son fils Ssé-ma-yen, qui hérite de son pouvoir à la cour de Oueï, prend le nom impérial de Tcin-ou-ti : ainsi commence, l'an 265, la dynastie dès Tcin.

2°. LES TCIN. (*Septième dynastie impériale.*)

C'était l'époque des démembremens. Beaucoup de princes chinois et de chefs tatars relevant de la Chine tentèrent de se rendre indépendans; plusieurs réussirent, et on a compté dix-sept royaumes, soustraits assez long-temps à l'autorité impériale pour qu'il y ait eu dans chacun une dynastie. La plupart de ces royaumes ne subsistèrent toutefois que quarante-cinq ou vingt-quatre, et même treize ou neuf ans. Les Tsienyen, au nord de la Chine, l'inquiétèrent durant près de trois siècles, et en eurent un d'indépendance : il y eut d'autres dynasties de Yen, trois de Tsin et deux de Tchao.

Tcin-ou-ti, voulant s'affermir avant

d'attaquer le prince de Ou, confie tous les emplois à ses parens, quelque foible que soit leur mérite ; il ne laisse dans l'administration ni ceux des Oueï, ni ceux des Han, mais à d'autres égards il opère de sages réformes. Le prince de Ou n'osait commencer une guerre que pourtant on jugeait inévitable; elle fut différée : Tcin-ou-ti eut à combattre auparavant les Sien-pi, ou des rebelles que les Sien-pi soutenaient, et qu'il fut difficile de réduire. Le prince de Ou fut aveuglé en partie sur le danger qu'il courait par les Tao-sse ; ils lui annonçaient que tout l'empire se rangerait enfin sous ses lois. Ses injustices et ses violences donnèrent un grand avantage à Tcin-ou-ti, qui joignait la circonspection à la douceur, et dont l'ascendant augmentait chaque jour. En 275 il reçut l'hommage du chef des Soteou, et deux ans après, d'autres Sien-pi furent réduits à les imiter.

Enfin l'empereur envoie contre les états de Ou deux cent mille hommes divisés en cinq corps; Ouang-siun descend de Kiang, et une partie du pays se soumet. Les autres généraux ont aussi des succès rapides ; on prend Kien-yé, après un combat où périt glorieusement le premier ministre Tchang-ti. Sun-hao, prince faible et dur, qui a introduit de nouveaux supplices, et qui entretient dans son palais cinq mille femmes pour jouer la comédie, offre en vain de se déclarer tributaire de l'empereur : on veut qu'il se rende à discrétion. La flotte d'Ouang-siun s'approchant de la capitale, Sun-hao s'y présente la corde au cou, et le cercueil à ses côtés ; mais il est reçu avec des égards, et il est aussi traité honorablement lorsqu'il paraît à la cour de Tein-ou-ti. Cette région méridionale, si promptement soumise, contenait cinq cent vingt-trois villes ou bourgades, défendues par deux cent trente mille hommes.

Le prince de Tein paraît alors digne de sa fortune ; il laisse dans leurs emplois les officiers de Sun-hao ; il exempte même de toute imposition, durant vingt ans, les peuples de Ou. La Chine presque entière reconnaît et bénit ses lois ;

mais les comédiennes du pays de Ou, transportées dans son palais, changent bientôt ses mœurs : abandonnant à un ministre ambitieux le soin des affaires, il se livre aux plaisirs, et ne craint pas de compromettre, en approchant de la vieillesse, une gloire qui devrait en être la consolation. Ssé-ma-tchong, qui succède à son père, sous le nom de Tcin-hoei-ti, se laisse subjuguer par Yang-siuen, ce ministre qui a déjà trompé Tcin-ou-ti, et par l'impératrice Kia-chi, princesse altière contre laquelle on a été sur le point de sévir parce qu'elle blessait à dessein des femmes enceintes, et tuait de sa main les hommes qui lui déplaisaient. Elle fait périr Yang-siuen, et dispose du pouvoir, ce qui occasione de grands troubles dans le palais, et rappelle les désordres qui ont signalé la décadence de la première dynastie.

Le licenciement des troupes a été porté trop loin durant la paix. On n'envoie que des forces insuffisantes contre les Hiong-nou, qui favorisent une révolte de la nation des Kiang, et d'ailleurs on ne donne pas le commandement en chef à Tcheou-tchu, seul guerrier que les étrangers redoutent. Il est même sacrifié par la jalousie de deux autres généraux; il en coûte la vie à cinq mille hommes, et après ce premier échec toute l'armée impériale est battue. Bien instruite de la cause de ces revers, la cour n'en témoigne qu'un léger mécontentement : les plus grands crimes ne sont pas toujours ceux que les gouvernemens punissent. Cependant un autre général triomphe des rebelles, et on jouirait du repos sans les désordres de la demeure impériale. Tout concourt à l'avilir : les intrigues des eunuques, la doctrine occulte ou immorale d'une secte particulière de bonzes, les Tchuang-tsé, enfin la tyrannie de l'impératrice, dont on ne réprime les fureurs que par des moyens illégitimes et violens, très-propres à engendrer de nouveaux troubles.

Tchao-hin se révolte dans les provinces ; de son côté, Ssé-ma-lun, qui a fait périr l'impératrice, occupe le palais, et il relègue dans une autre ville Tcin-hoci-ti, sans toutefois lui ôter le titre d'empereur. Mais Tchao-

hin périt, et une ligue se formant contre
Ssé-ma-lun, on le chasse de la capitale,
où on ramène le prince; cette catastrophe est rapide, et néanmoins elle
coûte la vie à cent mille hommes. D'autres chefs s'élèvent, surtout vers le couchant, que néglige la cour trop désunie;
le désordre s'accroît, et l'empereur
tombe alternativement entre les mains
de quelques audacieux que leurs excès
ne détruisent pas assez vite. Il s'en
trouva qui appelèrent sous leurs drapeaux les Hiong-nou, dont de telles
circonstances ranimèrent singulièrement les prétentions : leur khan, ou
tchen-yu, se fit appeler roi de Han;
il descendait de la famille de ce nom
par les femmes.

Sous le règne suivant, ce chef, devenu
formidable malgré quelques échecs,
prit le titre d'empereur de la Chine, et
il paraissait près de la soumettre, quand
la mort l'arrêta. L'union des Hiong-
nou ne fut plus la même; cependant ils
continuèrent à donner beaucoup d'inquiétude à l'empire, tout en lui prê-
tant quelquefois leur dangereuse assis-

tance. Un des généraux de Licou-tsong, le nouveau roi de Han, pilla la capitale de Tcin-hoai-ti, et l'emmena prisonnier. Les Chinois observent que c'est le premier de leurs empereurs qui soit tombé vivant au pouvoir de l'étranger. Ce fut en 311 que Tcin-hoai-ti, reçu avec hauteur par Licou-tsong, devint son échanson. Le compatriote d'Attila se livrait à de fréquens emportemens; ses plus fidèles serviteurs, bravant la mort dont ils se croyaient sûrs en se permettant des remontrances, lui en adressèrent de si persuasives, qu'enfin il s'écria : J'ai donc été semblable à un homme surpris par l'ivresse; sans votre zèle et votre courage, je ne serais peut-être pas sorti de cet état dangereux. Le repentir fut court: à la nouvelle d'une défaite de ses troupes, il fit exécuter, comme coupables d'une conspiration que rien ne prouvait, l'infortuné Tcin-hoai-ti avec onze autres Chinois. Cependant Licou-tsong eut encore de beaux momens : ce n'est pas assez pour triompher d'une grande prospérité, il faudrait se réprimer soi-même avec plus de vigilance qu'au milieu de l'infortune.

Tcin-min-ti, nommé sur les ruines de la ville de Tchang-ngan, aspirait à venger la mort de son prédécesseur; mais, fatigués des longs revers des Tcin, leurs partisans, dans les premières classes, oublièrent les principes d'une fidélité dont la récompense devenait trop incertaine. Quant au peuple, des calamités publiques si durables le replongent dans l'ignorance, dans l'abrutissement, et on n'en doit plus attendre aucun mouvement généreux; il faudra des temps meilleurs pour lui rendre ou ses vertus ou sa patience. Tcin-min-ti, ne pouvant même profiter d'une révolte qui éclate dans les états du khan, devient aussi malheureux que son prédécesseur; il se trouve de même captif de Licou-tsong, et il ne tarde pas à périr.

Ce redoutable hiong-nou méditait l'entière soumission de la Chine tombée en de faibles mains. Ssé-ma-joui, que Tcin-min-ti, avant de succomber, avait chargé du gouvernement, ne la

releva pas. Cédant aux instances réitérées des princes, il reçut dans Kien-
kang, aujourd'hui Nan-king, le titre
de Tcin-yuen-hoang-ti. Affable, éclairé,
ennemi du faste, il eût été un excellent prince dans des temps moins difficiles; les provinces méridionales où
il avait commandé le chérissaient, mais
il parut incapable d'achever ou même
de suivre un grand dessein. Heureusement pour lui, Licou-tsong mourut,
et son fils, s'étant livré aux plaisirs,
fut tué par le traître Kin-chun; il en
résulta de longues divisions chez les
Hiong-nou. La Chine n'en eut plus
rien à craindre pour un temps, mais
des révoltes l'affaiblirent aussi; l'empereur perdit l'espoir de rétablir les
affaires, et le chagrin abrégea ses jours.

Forcé de se conformer à ces tristes
circonstances, le prudent Tcin-tchüg-
ti, un de ses successeurs, n'effectua
rien de mémorable, si ce n'est peut-
être en renouvelant les défenses déjà
faites assez vainement de débiter les
maximes subtiles et la fausse morale
des bonzes. Mé-té était alors le tchen-

yu des Hiong-nou. Un prince de Tchao, Ché-hou, qui avait pris le titre d'empereur, rassembla cinq cent mille hommes, et marcha contre le prince de Yen. Celui-ci eut l'art d'arrêter ou de rendre inutiles les mouvemens de Ché-hou, qui était pourtant un guerrier célèbre, mais qui, après quelques autres expéditions, ne s'occupa plus guère que de ses plaisirs. Il ne vécut pas long-temps, et Ché-min, après avoir été esclave, se trouva roi de Tchao.

Les révolutions de cet état et de celui de Yen occupent plus de place dans les annales chinoises de cette époque, que l'administration faible des princes de Tcin, qui peut-être ne se seraient pas maintenus sans la mésintelligence de leurs ennemis. Il y eut un moment où Ché-min offrit à l'empereur de se joindre à lui pour rendre à la famille des Tcin toute sa puissance, mais le barbare Ché-min était si décrédité, qu'on ne jugea pas même à propos de lui répondre. Il éprouva ensuite une grande défaite; alors une partie de ses peuples l'ayant abandonné, malgré son courage, il fut accablé dans une bataille contre les troupes du pays de Yen, dont le chef prit aussi le titre d'empereur, sans que la cour impériale osât s'y opposer. Ce prince leva, en 358, une puissante armée. Celle de l'empereur fut battue ; Lo-yang et tout le Ho-nan furent enlevés à son successeur, qui mourut très-jeune, consumé par les boissons que les Tchuang-tsé, lui faisaient prendre pour le rendre immortel.

Fou-kien, prince de Tsin, au nord-ouest de la Chine, projette à son tour de la ranger sous sa domination, et il attaque le prince de Yen, dont, après une victoire, il investit la capitale. La soumission de ce royaume donne à Fou-kien dix millions d'hommes, et c'est à Yé qu'il transfère sa cour ; ensuite il attaque deux provinces de l'empire, mais cette conquête achevée, il laisse reposer ses troupes. Les années suivantes agrandissent encore sa puissance ; et, en 378, il met sur pied contre l'empereur une forte armée divisée en quatre corps. La mère d'un général,

enfermée dans la double ville de Siang,
arme les femmes, et les emploie utile-
ment à la défense du côté de la place
qui est le moins fortifié. Cependant
l'une des deux villes est enlevée, mais
on la nomme la ville de l'héroïne. La
seconde est livrée par un traître que
punit le vainqueur lui-même; toutefois la campagne se termine à l'avantage
des impériaux, et les hostilités se trouvent suspendues, soit par ce que la
cour n'ose rien entreprendre, soit à
cause de quelques revers éprouvés par
Fou-kien, dont la famille est désunie.
Malgré de sages représentations, Fou-
kien rassemble ses forces en 382, et
les envoie vers le Kiang. La cour impériale est un moment consternée de l'approche de cinq cent quatre-vingt mille
hommes; mais Sieï-ngan, son premier
ministre, ne montre aucune inquiétude:
ses mesures sont bien prises, et, quelques incidens favorables s'y joignant,
l'ennemi est tellement maltraité, qu'a-
près quelques mois, il lui reste à peine
cent mille hommes pour tenir la campagne.

A la nouvelle de ces revers, d'importantes défections affaiblissent les états de Fou-kien ; celui de Yen se relève, et l'empire des Tcin est sauvé. Mais tout le nord rentre dans la confusion ; les dépouilles de Fou-kien sont vivement disputées, et on voit plusieurs princes s'arroger en même temps le titre de roi, ou d'empereur de Tsin. Après la mort du ministre à qui on devait l'heureuse issue de cette guerre, l'empereur se livra aux excès ; il partagea son temps entre la débauche et les rêveries des devineresses qui s'occupaient de dévotions et de maléfices, pour charmer les ennuis de la décrépitude.

Les peuples du nord retrouvèrent quelque repos en 399 ; mais il y eut des troubles au midi, dans les provinces impériales, dont l'administration était abandonnée à des subalternes envieux les uns des autres. Des pirates, qui insultaient les côtes, en profitèrent pour s'avancer dans le pays, où, ayant rassemblé jusqu'à cent mille mécontens, que des troupes réglées dispersèrent une fois, ils conservèrent plusieurs villes. Sun-nghen, leur chef, battit ensuite une armée considérable et emporta sur ses vaisseaux de grandes richesses. Cette guerre contre les pirates commença l'élévation du pauvre Licou-yu, marchand de souliers, qui, se prétendant issu des Han, fonda, vingt années après, la dynastie des Song. Sun-nghen réunissait, dit-on, plus de dix-mille voiles, et plus de cent mille combattans. Il remonta le Kiang, et il menaça Kien-kang, où était la cour ; mais Licou-yu lui ayant fait éprouver un échec, et d'autres troupes marchant contre lui, il retourna vers la mer : il périt l'année suivante dans la nouvelle descente qu'il hasarda. Un ennemi plus redoutable encore se montra dans l'intérieur des terres ; plusieurs succès permirent à ce rebelle d'entrer sans résistance dans la capitale, où, prenant aussitôt le rôle de premier ministre, il ne dissimula pas long-temps le projet de s'emparer du trône.

Cette époque était celle de la puissance des Tatars Géou-gen (des Awares), qui succédèrent en quelque sorte aux Sien-pi, occupèrent l'ancien territoire des Hiong-nou, et, après avoir formé un état durant plus de cent cinquante années, succombèrent sous les Tou-kiué, nommés depuis les Turks. Ché-long, chef célèbre de ces Géougen, et allié du prince de Tsin, fut tué en 410; il avait fait de grandes conquêtes, et il avait pris le titre de ko-han ou kha-khan; ainsi les princes, les grands guerriers dans la haute Asie, s'appellent khans depuis plus de quatorze siècles.

L'ambitieux Hoan-hiuen ne se contente plus de gouverner sous Tcinngan-ti; il exige de ce prince une renonciation expresse, mais il montre peu d'aptitude, et il ne se fait que des ennemis. Divers gouverneurs ou officiers se préparent à renverser l'usurpateur, et presque aussitôt le jeune Lieou-yu, qui déjà est un des plus célèbres, et que favorise un extérieur imposant, est nommé par les conjurés protecteur de l'empire. Hoan-hiuen envoie contre lui des troupes qui ne peuvent l'arrêter. Lieou-yu, victorieux, entre dans Kien-kang, où il rétablit, en l'absence de l'empereur, le gouvernement des Tcin. Hoan-hiuen, qui dans sa fuite force l'empereur à l'accompagner, n'a plus que des revers; Fong-tsien le tue, et remet Tcin-ngan-ti en possession du trône à Kiang-ling. Alors Lieou-yu fait tout préparer dans Kien-kang pour la réception de l'empereur, qui, en accordant une amnistie, dont la famille de l'usurpateur est seule exceptée, nomme Lieou-yu grand-général de l'empire, commandant de toutes les troupes, et président de tous les tribunaux. Lieou-yu nourrit de plus hautes prétentions, il refuse ces honneurs, et il ne conserve que le gouvernement d'une province. Vers ce temps, un des princes qui s'étaient rendus indépendans sur le territoire de l'empire, Kao-yun, prit le titre de tien-ouang, roi céleste : il venait d'assassiner son prédécesseur, et après deux années, en 408, il fut traité de même.

Diverses circonstances et des succès nouveaux ayant encore augmenté la réputation de Lieou-yu, dont la marche était bien calculée, il entreprit, en 417, la conquête des états du prince de Tsin, auquel il avait osé annoncer ce dessein huit ans auparavant. Après avoir affermi l'empire, et lui avoir rendu la plus grande partie des provinces septentrionales, Lieou-yu se vit presque forcé de donner du repos à ses troupes. Il fut reçu à Kien-kang avec des démonstrations honorables, et comme le plus grand homme de son siècle ; cependant l'empereur le fit seulement prince du troisième ordre, ce dont le héros ne se contenta pas. Dans son impatience, ce guerrier ternit sa gloire par un attentat ; un de ses agens suivi de quelques eunuques ôta la vie à l'empereur, et on s'autorisa du testament attribué à ce prince, pour proclamer son frère sous le nom de Tcin-kong-ti. Le public remarqua davantage alors que Lieou-yu avait fait périr, sous différens prétextes, les jeunes héritiers de la famille de Tcin. Ssé-ma-tchou-tchi restait encore, et s'il n'était pas puissant, il était aimé ; Lieou-yu, craignant qu'il ne se mit un jour en état de venger la dynastie impériale, envoya un de ses officiers pour le faire mourir, mais la bonté du prince désarma l'assassin. Licou-yu, qui venait de se retirer dans sa principauté, n'y trouvait pas ce calme intérieur que doivent altérer sans retour les orageuses faiblesses de l'ambition : l'inquiétude le ramena promptement dans la capitale, et le nouvel empereur, à qui ce retour paraissait d'un sinistre augure, lui offrit le trône dans l'espoir de conserver la vie.

3°. Les quatre dynasties durant le Nan-pe-tchao.

Les troubles n'ont pas cessé pendant la domination des Tcin ; c'est pis encore sous les quatre dynasties qui leur succèdent durant 161 années : l'empire est démembré comme il le fut avant les Tcin. A l'avénement de la première dynastie des Song, la Chine septentrionale contient six royaumes; bientôt ils obéissent tous aux Yuen-oueï, qui sont des Tatars To-pa. Se divisant ensuite, ils forment d'un côté les Oueï orientaux, que les Pe-tsi remplacent promptement, et de l'autre les Oueï occidentaux auxquels succèdent les Heou-tcheou. On appelle ce partage de la Chine en deux empires le Nan-pé-tchao.

Contemporaine des premiers rois mérovingiens, la huitième dynastie impériale de la Chine commença l'an 420 de notre ère. Lieou-yu prit le titre de Kao-tsou-ou-ti : il régna peu de temps. Il avait dû son élévation à des qualités fortes qu'il conserva sur le trône ; sa prudence, sa modération dans les circonstances ordinaires, sa bonté envers les indigens, et son mépris pour les sectes qui trafiquaient de la crédulité du peuple, l'eussent fait mettre au nombre des grands princes, sans les actions déshonorantes que lui conseilla une fausse politique à l'égard des Tein : affermi déjà, mais commençant à vieillir, il ne se crut en sûreté que par le meurtre du dernier empereur, dont il affecta de porter le deuil.

A la nouvelle de la mort de Kao-
tsou, To-pa-ssé, prince de Oueï, veut
s'agrandir aux dépens de la Chine méridionale; après s'être rendu maître de
Lo-yang, il échoue devant des places
que défendent parfaitement Mao-té-
tso et d'autres officiers de l'empereur
Chao-ti, fils de Kao-tsou. To-pa-ssé
meurt de chagrin en voyant l'issue de
cette guerre, dont son conseil n'a pu
le détourner; mais son successeur To-
pa-tao, après avoir accablé les Tatars
Géou-gen, n'est pas moins heureux
contre les Hia : ainsi l'état des Oueï
devient un puissant rival de l'empire
du midi, avec lequel les Hia font une
alliance qui n'empêche pas leur ruine.

Ouen-ti, autre fils de Kao-tsou, ordonne, en 435, la démolition des temples ornés de tours, que des sectaires
étrangers ont bâtis dans un grand nombre de villages. De son côté, le prince
de Oueï, To-pa-tao, après avoir
écouté attentivement, durant plus d'un
mois, un de leurs docteurs les plus
accrédités, les chasse tous de ses
états. Cet ordre est exécuté d'autant

plus sévèrement, qu'un des ministres de To-pa-tao, ayant pénétré dans un temple de ces bonzes, les a trouvés occupés de plaisirs licencieux que leur loi leur interdisait, et pourvus d'une grande quantité d'armes. To-pa-tao s'écrie que ces gens-là sont très-dangereux dans un empire; mais, au lieu de se borner à les expulser, il les proscrit impitoyablement : la génération suivante les voit rétablis.

En 449, la guerre éclate avec animosité entre les deux grands états qui partagent la Chine; mais on assassine les deux monarques, et les troubles de l'intérieur suspendent les hostilités : cependant cette paix est plutôt une simple trève. L'empereur Ou-ti réussit à diminuer momentanément, et par des moyens pacifiques, l'influence des grands. Le prince de Oueï fait aussi des réformes; il veut interdire, dans tous ses états, l'usage du vin comme une source de désordres qui doivent contribuer aux dissensions politiques. Mais la religion elle-même pourrait demander en vain ce genre d'abstinence ; la raison n'y est point parvenue dans la Chine. Si les vignobles y manquent encore, bien qu'on y connaisse le raisin venu autrefois des vallées de la haute Asie, on n'y est point privé de boissons fortes qui paraissent plus funestes ; on ne s'y borne pas à la bière, on y fait beaucoup d'eau-de-vie de riz ou de millet : la réforme a servi tout au plus à économiser le terrain.

Après avoir apaisé une révolte, Ou-ti remit en vigueur l'usage de labourer d'une main impériale le champ dont les produits doivent toujours être offerts au Chang-ti. Ce soin religieux eût été d'un plus utile exemple de la part d'un homme juste : quelques mois auparavant ce grand sacrificateur avait ordonné la mort de trois mille malheureux, dans une ville qu'on venait d'emporter d'assaut.

Kao-ti, fondateur de la dynastie des Tsi, occupa le trône en 480, et mourut deux ans après. On lui attribue des qualités et des intentions qui durent faire regarder sa perte comme un malheur public. Il avait eu une guerre à soutenir contre le prince de Oueï : la paix fut troublée plusieurs fois encore sous cette dynastie, qui ne put se maintenir que durant vingt-trois années.

Leang-ou-ti appartenait à la famille des Tsi ; néanmoins on le regarde comme le fondateur d'une dynastie nouvelle. C'est à ce qu'il paraît le premier empereur qui ait institué des cérémonies en l'honneur de Kong-tsé ; mais, quelques années auparavant, il y en avait déjà eu d'établies par To-pahong, ce prince de Oueï, qui, venant de promettre de ne point punir de mort un eunuque mis au nombre des grands, et coupable de concussions, réprima du moins son avidité en défendant de lui donner un autre titre que celui de prince de la fourberie. Les Oueï profitèrent peu des désordres qui avaient accompagné cette nouvelle catastrophe ; et l'empereur usant aussi mal de quelques avantages remportés contre eux, la guerre recommença entre les deux états qui avaient conservé des forces à peu près égales. L'armée des Oueï se trouvait plus aguerrie, parce que différens peuples tatars la tenaient en échec ; mais aussi ces diversions devenaient favorables à l'empire du midi, dont les troupes étaient d'ailleurs réputées plus habiles dans la défense des places.

La princesse Hou-chi, élevée au rang suprême dans l'état de Oueï, passait pour instruite, mais elle paraissait tellement adonnée à la secte de Fô, qu'un jour elle projeta de se confiner dans un monastère. Les Ho-chang allaient lui persuader de bâtir un temple où mille d'entre eux devaient être entretenus, et dont ils prétendaient que les neuf tours pyramidales auraient un peu plus de neuf cents pieds de haut. Dans les représentations qu'un prince lui adressa pour l'en dissuader, on lisait qu'en très-peu de temps, depuis la mort d'un chef des Ho-chang, juridiquement convaincu d'une multitude de crimes, on avait élevé jusqu'à cinq cents temples, afin de satisfaire ces imposteurs, qui n'avaient en vue que de s'enrichir et de vivre dans la licence. Cette même femme fit empoisonner son fils, afin de conserver le pouvoir, et elle périt dans une révolution sanglante suscitée par son odieux caractère.

L'empereur fit plus encore, onze ans après, en faveur des desservans des pagodes. Il se retira dans un de leurs couvens, et il adopta leur règle. Les grands regardèrent comme un malheur public l'avilissement du chef de l'empire; mais, Leang-ou-ti s'étant conformé aux idées de ces moines, ils ne le relâchèrent et ne le laissèrent remonter sur le trône que moyennant une forte somme d'or. Ce n'est pas tout; le malheureux prince retomba dans la même faiblesse, et eut encore besoin d'une somme très-considérable pour se rédimer. Cette impudence des bonzes, en achevant d'indigner contre eux tout homme sensé, leur fournissait de nouveaux moyens de faire des dupes : il y avait ainsi compensation, du moins dans leur système, et ils savaient que la protection de l'empereur empêcherait qu'on ne les chassât. Environ vingt-six ans après, un prince de Tsi entreprend de réconcilier les Tao-sse avec les Ho-chang. La controverse qui en résulte les anime, ils se chargent de reproches mutuels, et leurs turpitudes sont révélées; mais le prince, prévenu en faveur de ces sortes de croyances, ne se décide pas à les détruire. Une révolte des Taosse occasione seulement la mort des plus mutins. C'est lorsque des tremblemens de terre ou d'autres phénomènes font craindre aux princes le courroux du Tien, c'est surtout alors qu'ils se hâtent de sévir contre les superstitions des bonzes; mais des remèdes tardifs échouent contre les épidémies morales dont le peuple ne veut pas guérir, et dont quelques empiriques préparent toujours les tristes redoublemens.

Sous un prince aussi faible l'empire devrait succomber, mais Kao-hoan, un des meilleurs généraux qu'ait eus la Chine, ne passe point le Kiang. Les troubles de l'état de Oueï semblent offrir une autre perspective à son ambition, et ensuite le dépit que lui cause une défaite abrège ses jours, avant qu'il puisse entreprendre de réaliser les projets d'un de ses amis, c'est-à-dire de détrôner Leang-ou-ti, de le confiner, selon ses goûts, au fond d'une pagode, et de réunir ainsi les deux états. Bientôt Hcou-king, ce lieutenant de Kao-hoan, va lui-même se saisir de l'empereur dans la capitale, mais en laissant subsister l'empire, et même sans l'ôter à l'héritier de Leang-ou-ti, dont le chagrin hâte la mort.

Le prince de Oueï se promettait en vain de tirer parti de cette circonstance. Il y eut alors, au nord de la Chine, une guerre entre les Géou-gen et les Tou-Kiué. Dès l'année 545 cette dernière horde avait commencé à se montrer redoutable vers le couchant, près des frontières de la Chine septentrionale. Les Géou-gen furent affaiblis sans retour par Mou-han, le Khan des Tou-kiué; ce chef, dont les Turks modernes n'ont pas entièrement perdu la mémoire, commanda depuis la mer Caspienne et les montagnes du Tubet, jusqu'aux deux mers du nord et de l'orient : il n'est donné qu'aux Asiatiques de conquérir des espaces aussi vastes. L'an 557, Yu-ouen-kiŏ, qui prétendait descendre de l'ancien empereur Chin-nong, expulsa du trône, où il ne resta lui-même qu'un moment, la famille des princes To-pa ; cette catastrophe du moins ne fut pas sanglante.

La même année vit finir la dynastie impériale des Leang. Tchin-pa-sien, fondateur de celle des Tchin, après avoir décidé King-ti à lui céder la couronne, le fit mourir, et pourtant Tchin-pa-sien avait d'heureuses qualités dont hérita son fils Ouen-ti. Malgré ses lumières et sa vigilance, ce prince aurait eu beaucoup à craindre de la part des Tsi et des Tcheou, s'ils n'avaient pas rompu entre eux après s'être disputé l'alliance du Khan des Tou-kiué, de Mou-han, qui divisa ses vastes états entre deux de ses fils, et mourut en 572. Ce conquérant n'avait pas fait d'entreprises sérieuses contre la Chine ; c'est seulement en 582 que les Tou-kiué franchirent la grande muraille au nombre de quatre cent mille, mais sans que cette invasion eût de grandes suites. Même après la mort du fils de Tchin-pa-sien, il y eut des tentatives pour rétablir un membre de la famille des Leang à la place de celui que l'ambition avait sacrifié : on n'a souvent que l'odieux de cette politique fausse qui consiste à immoler un concurrent, de peur que ses amis ne conspirent pour lui rendre ses prérogatives. L'empereur Suen-ti, voyant que le prince de Tcheou avait presque détruit celui de Tsi, voulut partager avec le vainqueur : il demanda deux provinces; mais les troupes envoyées pour soutenir cette proposition furent battues, et le prince de Tcheou aurait pu réunir toute la Chine sous ses lois, si la mort ne l'avait pas surpris tandis qu'il marchait contre un parti de Tou-kiué.

Dix ans s'écoulent, et c'est un prince de Souï qui à son tour en conçoit l'espérance. Il envoie cinq cent mille hommes contre les troupes impériales ; le général Ho-ju-pi franchit le Kiang ; et l'empereur tremble dans sa capitale. Elle est prise ; on retire d'un puits l'empereur, qui s'y est caché avec ses femmes et son fils. Les Souï se trouvent maîtres de tout l'empire : ainsi commence, l'an 590, la douzième dynastie.

Les Souï et les Tang.

(Douzième et treizième dynasties.)

La Chine est réunie en un seul empire. Sa puissance n'a plus été réellement suspendue depuis cette époque, qui est à peu près celle où commencèrent les rapides conquêtes des Arabes, et la grandeur des Khalifs.

Yang-kien, qui prit le nom de Tsou-ouen-ti, parut avoir mérité ses succès : il était laborieux, il vivait simplement, et il s'occupait de subvenir aux besoins des peuples. Néanmoins il ne sut pas adoucir son humeur naturellement dure, emportée, ombrageuse ; comme il n'aimait point les livres, selon la remarque des historiens de son temps, il était défiant, et il avait recours à la finesse. Des nombreux colléges, établis pour la plupart depuis six ou sept siècles, Tsou-ouen-ti ne laissa subsister que le collége impérial.

Cette réunion de tout l'empire dans les mêmes mains ne le rendit pas beaucoup plus heureux, parce que des mécontens le troublèrent, ou parce qu'on ne s'attacha que faiblement à réprimer les abus ; mais elle déconcerta les Tatars voisins, et ils envoyèrent protester de leur soumission. Le prince qui régnait dans la Corée (1) tenta de refuser la sienne. Quant aux Tou-kiué, ils donnèrent de l'occupation aux troupes, ils recommençaient chaque année leurs incursions et leurs brigandages.

Yang-ti, surnommé quelquefois le Sardanapale de la Chine, était aussi avide de magnificence que son père avait aimé la simplicité ; il employa deux millions d'hommes à l'embellissement de la ville de Lo-yang, et à construire un palais où il n'entra que des pierres ou des pièces de bois tirées des provinces éloignées. Pour en faciliter le transport, bien plus que dans l'intérêt général, il voulut faire communiquer ensemble les deux prin-

____

(1) Tchao-sian en chinois, Solkho en mandchou. On a prétendu que les missionnaires n'avaient pas pénétré dans cette presqu'île.

cipaux fleuves et d'autres grandes rivières. L'utilité de ces travaux se fait encore sentir aujourd'hui, mais la dureté de ceux qui les dirigeaient a sacrifié un grand nombre d'hommes. On éleva ensuite deux remparts, ou deux murailles, vers les limites des provinces du nord-ouest. Les Tatars étaient trop divisés entre eux pour profiter de la fatigue des troupes livrées à ces travaux, et des désordres qui suivirent tant de profusions. Il en coûta aussi de grandes sommes à la Chine pour décider les peuplades du Si-yu à lui rendre un assez vain hommage, mais du moins Yang-ti eut le plaisir de se croire le maître de toute la Tatarie.

On comptait alors dans la Chine huit millions neuf cent mille familles. Le roi des îles de Licou-kieou refusa de payer le tribut ; l'empereur envoya contre lui une flotte, mais ces îles ne se reconnurent tributaires de la Chine que du temps de Hong-vou, fondateur de la dynastie des Ming. Yang-ti leva des armées innombrables dans le dessein de réduire la Corée ; il échoua, et il fit de nouveaux efforts pour une seconde campagne que le manque de vivres rendit aussi funeste. Il voulut commander en personne la troisième expédition. Quelqu'un cherchant à l'en dissuader, lui disait tout simplement : Ce petit roi ne mérite pas votre sublime colère; s'il ne veut pas se soumettre, tant pis pour lui. Les Coréens se défendirent encore avec constance, et des rebelles menaçant la ville impériale de Lo-yang, l'empereur revint en Chine en abandonnant le gros bagage; mais le chef de la révolte périt, et Yang-ti voulut enfin triompher des Coréens, qui cette fois étant battus demandèrent la paix. Cependant le roi n'ayant pas voulu se rendre auprès de Yang-ti, la guerre se serait ranimée si le nombre des mécontens n'eût donné des craintes à l'empereur, qui aima mieux ne plus s'éloigner de ses états, où il se mit d'abord à diriger des travaux littéraires. Dans une visite des provinces septentrionales, il eût été emmené prisonnier des Tatars, sans un stratagème imaginé par un jeune fils de ce Li-yuen qui ne tarda pas à fonder la dynastie des Tang, et sans de faux avis donnés au khan par une de ses femmes née Chinoise.

Sourd aux remontrances de ses plus fidèles conseillers, que même il fait immoler afin de passer outre, l'empereur se livre à sa passion pour des voyages où il ne s'agit nullement d'une utile inspection. Le grand empereur est, dit-on, le père du peuple ; mais, quand il se promène au milieu de ses enfans, c'est quelquefois avec un faste qui les accable, et qui ressemble peu à la vraie grandeur. Ces dépenses de Yang-ti, et les dilapidations dont elles deviennent le signal, fournissent aussi des prétextes de révolte à plusieurs hommes entreprenans dont quelques-uns demandent l'appui des hordes étrangères. Yang-ti n'est pas même informé de ces périls, tant on redoute les premiers mouvemens de sa colère insensée.

Li-yuen eut de grands succès ; non-seulement il était secondé par son fils, par ce Li-chi-min, qui, à l'âge de seize ans, avait contribué à la délivrance de l'empereur, mais il avait aussi pour lieutenant sa fille Li-chi : elle parvint à réunir sous ses propres bannières dix mille soldats. Etant maître de Tchang-ngan, Li-yuen fit empereur le jeune Yang-yeou, et se déclara lui-même régent de l'empire, en ne laissant au prince que le titre honorifique de suprême empereur. Li-chi-min affermit par de nouveaux triomphes l'autorité de son père, et l'année suivante le trône fut cédé à Li-yuen, qui se laissa proclamer sous le nom de Kao-tsou. Quant au suprême empereur, il était livré alors et aux femmes et au vin. Forcé dans son palais par un autre rebelle, il perdit la vie, et les mandarins de Lo-yang nommèrent à sa place Yang-tong, personnage digne d'un meilleur sort. Réduit, quelques mois après, à boire une coupe empoisonnée, Yang-tong se mit à genoux, et demanda au ciel de ne point renaître empereur.

L'ancien prince de Tang, Kao-tsou, était d'une naissance illustre, c'est-à-dire que, depuis plusieurs générations, des membres de sa famille avaient été distingués individuellement par de belles actions ou par d'honorables emplois publics. Toutefois ses talens et son mérite l'ayant rendu suspect dès sa jeunesse, il avait été éprouvé par l'adversité; il paraît ne l'avoir pas oublié sur le trône. Son fils Li-chi-min ne lui fut pas inutile pour la pacification de l'empire; il vainquit Ouang-chi-tchong, qui aspirait encore au trône, et il détruisit une grande armée de Tatars. En 624, toute la Chine reconnut les Tang. L'âge sans doute affaiblissant le génie de Kao-tsou, des fanatiques, que l'on confondit avec les tao-sse de la secte de Lao-kium, lui persuadèrent quelques-unes de leurs fables. Dans un placet écrit pour le détourner de cette faiblesse, on observait que ces sortes de moines étant au nombre de cent mille des deux sexes, la gloire d'arrêter un tel abus serait digne du pacificateur de l'empire. D'autres passages de ce mémoire donnent lieu de penser que la secte qu'on y désignait principalement n'était pas née dans les Indes, mais dans une contrée plus occidentale.

La jalousie des frères de Li-chi-min

fut sur le point d'occasioner le partage de l'empire. C'était d'après les instances même de Li-chi-min que Kao-tsou avait désigné pour successeur son fils aîné; mais, voyant qu'on avait tenté d'empoisonner le jeune héros, il résolut de lui donner la ville impériale et un grand territoire, pour le soustraire à de nouveaux attentats. Néanmoins d'autres intrigues, également découvertes, l'engagèrent à révoquer cet ordre; enfin les deux frères de Li-chi-min, ayant cherché à le tuer, furent immolés eux-mêmes, et Kao-tsou, qui voulait absolument céder le trône à ses fils, eut, de son vivant, un successeur digne de cette destinée.

Avant de faire des réformes dans les lois, Li-chi-min ou Taï-tsong en fit dans le palais; il renvoya plus de trois mille femmes : on en avait vu jusqu'à dix mille dans la demeure de Tcin-ou-ti. Un usage consacré donnait à l'empereur des concubines au nombre de cent trente, en y comprenant les trois reines dont les fils pouvaient monter sur le trône, bien que les fils de l'impératrice leur fussent toujours préférés dans les circonstances ordinaires. C'est ainsi que Hoang-ti et Ti-ko avaient eu chacun quatre femmes. Quant à Chun, il avait reçu en même temps des mains de Yao ses deux filles en mariage. Le premier empereur chinois de race mongole eut aussi quatre femmes légitimes. Un prince de la dynastie de Tchin s'avisa de faire en même temps cinq impératrices; mais Suen-ti passa pour un homme peu sensé. La polygamie légale ne peut être qu'un privilége assez restreint; elle ne convient même que pour assurer au prince des héritiers directs, afin de prévenir des guerres. Partout un homme riche peut avoir plusieurs femmes, soit ouvertement, soit secrètement; mais cette sorte d'abus, qu'on a tant reproché aux Orientaux, ne saurait s'étendre chez eux-mêmes à toutes les classes. Les contrées qu'ils occupent renferment la moitié du genre humain; il faudrait donc qu'en général un sexe fût quatre ou cinq fois plus nombreux que l'autre : au con-

traire le nombre des femmes doit paraître à peine égal à celui des hommes, si on considère que le temps de
la fécondité est plus court chez elles,
non-seulement vers les tropiques,
mais dans toutes les régions. A la Chine,
un particulier n'est autorisé à prendre
une concubine que quand sa femme est
stérile.

Les Tou-kiué choisirent pour entrer
dans l'empire, au nombre de cent mille,
le moment des fêtes occasionées par
l'avénement de Taï-tsong ; mais sa fermeté les déconcerta. Ils se retirèrent
sans qu'il en coûtât un seul homme, et
on jura la paix en immolant un cheval
blanc : c'était la coutume dans les traités conclus par l'empereur en personne.

Au milieu du repos général que
deux ans après Taï-tsong ne veut pas
troubler pour profiter des divisions des
Tatars, il exerce les troupes avec soin,
il s'attache à placer ou à récompenser
les officiers et les lettrés selon leur mérite ; il fait du bien-être du peuple son
premier objet, de la franchise et de la
justice ses premiers devoirs. Ses maxi-

mes de gouvernement sont d'un sage, et la vénération générale lui garantit la fidélité même de ceux qui seraient rebelles, s'ils pouvaient nourrir des espérances. Il bâtit un grand collége, il y place une bibliothèque; enfin un de ses rescrits porte qu'un homme condamné à perdre la vie ne sera pas exécuté sans qu'on lui ait lu sa sentence trois jours de suite, et sans que ses juges aient passé ces trois jours dans le jeûne, dans l'abstinence de tout plaisir. Un jour, l'empereur vit dans les prisons un certain nombre de coupables condamnés à la mort; c'était la saison où la terre avait besoin de leurs bras; il les mit en liberté, leur enjoignant de revenir à l'entrée de l'hiver se constituer prisonniers : ils revinrent tous. Tels seraient ordinairement les hommes, si ceux qui gouvernent leur demandaient, au lieu d'une obéissance ou contrainte ou servile, du respect pour les saintes lois de la patrie.

Taï-tsong aimait à s'entourer des mandarins les plus intègres et les plus éclairés. « Ayez pour le peuple, leur disait-il, un cœur de père ; c'est de son travail que viennent l'habit que nous portons et les mets de nos tables ; les malheurs d'un état ne résultent que du mécontentement des peuples. » Le nombre des princes de première classe lui parut beaucoup trop grand ; il ordonna que tous ceux qui n'avaient pas rendu des services signalés descendissent au troisième degré. « Je suis également le chef de toutes les familles, ajouta-t-il ; je ne puis laisser les uns dévorer la subsistance des autres.... Quiconque ambitionne un poste seulement pour les honneurs qu'il procure n'est pas digne de l'occuper.... Nous avons au-dessus de nous le Hoang-tien (l'auguste ciel), qui connaît tout ce que nous faisons, tout ce que nous pensons (1). »

Des circonstances particulières engagent Taï-tsong à envoyer, en 629, une armée contre les Tou-kiué ; elle est

----

(1) C'est la doctrine qu'on appelait ici l'athéisme des lettrés, et que, dans les subterfuges du triste fanatisme actuel, on doit appeler un athéisme déguisé.

victorieuse, et le père de l'empereur s'écrie : « Il ne manque rien à la gloire de Taï-tsong ! » Douze ans après, d'autres Tatars, les Sié-yen-to, hasardent des incursions qui leur deviennent fatales. Selon les historiens chinois l'empire compte alors, de l'est à l'ouest, en y joignant les pays tributaires, environ onze cent quatre-vingt-dix lieues, et du nord au sud, mille trois cent soixante, ou cinquante-quatre degrés et demi ; mais les régions glacées qui sont au nord ajoutent peu de chose à la puissance d'un état. Maintenant la Chine les voit sans regret au pouvoir des Russes ; elle n'a guère de prétentions maritimes, et elle ne songe pas aux côtes de l'Amérique. Pour rétablir l'ordre avec plus de facilité, Taï-tsong avait partagé la Chine en dix tao, ou grandes provinces ; celle où était la cour se nomma Koan-nui, et les autres Ho-nan, Long-yeou, Ho-pé, Ho-tong, Chan-nan, Hoaï-nan, Kiang-nan, Kien-nan et Ling-nan.

Taï-tsong, offensé par le roi de Corée, marcha contre lui ; mais après de grands succès, qui lui donnèrent trop de confiance, il manqua de munitions, et il reprit avec tristesse le chemin de ses états. Se sentant affaibli, depuis cette époque, il prépara pour son fils des instructions où il s'accusait de beaucoup de fautes; en effet, il n'a pas été exempt de faiblesses, mais il a mérité les regrets universels qui ont éclaté à sa mort, et l'histoire compte peu de princes aussi respectables.

Son fils lui ressemble peu; il appelle Kong-tsé taï-ssé, ou le grand-maître de la doctrine; mais il s'écarte beaucoup de cette doctrine vénérable : une femme atroce le subjugue, elle corrompt le bon naturel qu'il a montré avant d'occuper le trône. C'est cependant sous le règne d'un prince si faible que Li-tsi, le premier capitaine de son siècle, et un autre général, ont dompté, en 668, les Coréens, qui avaient résisté à deux empereurs. Vers les frontières opposées, on est moins heureux contre un chef qui vient d'agrandir le pays de Tsang ou des Tubetains. Un prince de Perse était en otage dans l'empire;

on l'envoie prendre possession de ses états, afin d'avoir un allié à opposer aux Tou-kiué. Les Tubetains et les Khitan suffisent pour occuper les principales forces de la Chine.

La mort de Kao-tsong augmenta l'audace de l'impératrice Ou-heou; elle fit périr tous ceux qui lui causaient de l'ombrage; de légères émeutes étaient pour elle l'occasion de répandre beaucoup de sang, et même elle eut la hardiesse de se revêtir des habits de cérémonie pour le grand sacrifice, ce que les seuls empereurs avaient fait jusqu'alors. Bientôt elle se prétend fille du dieu Fô, elle se dit envoyée du ciel pour gouverner les hommes. Malgré cette haute mission, elle ne parvient même pas à laisser l'empire à ses neveux, et de son vivant on réintègre l'héritier du trône qu'elle a retenu en prison sans oser le faire mourir. Le peuple n'y gagne rien; Tchong-tsong, aussi faible que l'a été son père, laisse son épouse, Ouei-chi, remplacer l'ancienne impératrice. Ouei-chi devient trop odieuse; l'empereur songe enfin à lui ôter le pouvoir; elle l'empoisonne, et elle périt elle-même dans un soulèvement.

Cette dynastie subsiste long-temps encore, mais avec peu d'éclat. Les intrigues des femmes ou des grands continuent à troubler l'empire, en déshonorant la cour, et des révoltes fréquentes habituent les Tatars à intervenir dans les affaires de la Chine. Cependant Hiuen-tsong, cherchant à prendre Taï-tsong pour modèle, annonce d'abord de la fermeté; d'un côté il réprime les Tatars, de l'autre il s'oppose à l'influence des bonzes. Il veut qu'on donne à Kong-tsé le titre de prince; et, sur la demande du khan de Tou-fan, il lui communique les livres qui contiennent les principes de l'art de gouverner, principes dont on voit enfin qu'il s'est mal pénétré lui-même.

Sous ce règne, dont les dernières années ne furent glorieuses ni au-dedans, ni au-dehors, il y eut deux dénombremens. Le second donna pour résultat, dit-on, trois cent vingt et une villes du premier rang, et mille cinq cent trente-huit du second ordre; on

compta neuf millions six cent dix-neuf
mille deux cent cinquante-quatre familles. Vingt-six ans après, la Chine
avait sous les armes sept cent soixante-
huit mille hommes.

L'an 763, les Tou-fan et leurs alliés
entrèrent en Chine au nombre de trois
cent mille : comme on n'osait annoncer à l'empereur aucune nouvelle fâ-
cheuses, il eurent le temps de dévaster
des provinces, et même de piller la
capitale. Ces maux furent si grands,
disent les annales de l'empire, que le
dénombrement fait en 764 ne donna
qu'environ dix-sept millions d'hommes,
tandis que dix ans auparavant on en
avait trouvé près de cinquante-trois
millions, et que déjà, un siècle et demi
plus tôt, on avait compté huit millions
neuf cent mille familles; mais sans
doute on a commis quelque erreur es-
sentielle dans ce calcul; c'est surtout
en ce qui concerne le nombre des habitans que la Chine nous laisse encore
dans l'incertitude. Quels que soient les
désastres des guerres extérieures et
des rivalités intestines, on ne les voit

pas réduire des deux tiers la population d'un grand état; cette effrayante mortalité annoncerait des dissensions plus durables encore, ou des calamités d'une autre nature. Il est vrai qu'au milieu de ces troubles, de ces ravages qui détruisaient les récoltes, le peuple était livré aux exactions de beaucoup d'employés, prompts à s'enrichir à ses dépens; mais la misère des campagnes affaiblit l'état et en compromet la sûreté sans le dépeupler rapidement. Ce dernier effet supposerait une épidémie très-étendue, et on ne dit pas que la Chine en ait éprouvé de semblables avant le quatorzième siècle; il paraît seulement que des maladies pestilentielles, contre lesquelles elle ne sait point se prémunir, ne sont pas rares dans plusieurs provinces, et que la petite-vérole y est devenue redoutable.

C'est en 780, sous le règne de Te-tsong, que fut construit, dans la province de Chen-si, le monument chrétien qu'on a retrouvé couvert de terre en 1625, à Si-ngan-fou. Les prêtres nestoriens qui s'étaient introduits dans la Chine avant l'année 635 avaient été confondus avec les bonzes asiatiques ; ils s'étaient appelés eux-mêmes, non sans prudence, bonzes de Ta-tsin (de Rome ou de la Palestine) : ce monument élevé par leurs mains le constate. L'inscription qu'il porte a été traduite avec soin par le jésuite Visdelou ; elle se trouve aussi dans *la Chine illustrée* de Kircher. Ces anciens prêtres ont eu des démêlés avec les Tao-sse, un demi-siècle plus tard. Lorsque les annales chinoises parlent des bonzes, il est d'autant plus difficile de démêler s'il s'agit des prêtres chrétiens que le Tubet étant à l'occident de la Chine comme l'Europe, les lettrés nomment presque toujours indifféremment bonzes de l'Occident tous les moines qu'ils regardent comme idolâtres. Ces nestoriens avaient obtenu de Taï-tsong et de Kao-tsong la construction de plusieurs églises ; quelques autres princes de la même dynastie ne leur avaient pas été moins favorables.

Un de ces empereurs, Hien-tsong, laissa les bonzes indiens abuser de sa crédulité ; il mourut dans la force de l'âge, en prenant une seconde dose de la liqueur qui devait le rendre immortel. A la vérité, on soupçonna que des conjurés y avaient mêlé du poison ; mais son fils, qui eut recours quatre ans après au même moyen de prolonger sa vie, mourut aussi subitement à l'âge de trente ans, et divers empereurs succombèrent de même : de leur nombre fut Siuen-tsong, qui, à d'autres égards, montrait plus de sagesse. Le crédit de ces fourbes en fut à peine altéré : ces hommes-là ont toujours prêtes des réponses dont les simples se contentent.

Les eunuques avaient pris un tel ascendant, que Ouen-tsong, dont le règne commença par d'utiles réformes, craignit d'entreprendre la plus nécessaire de toutes. On eut recours au poison pour se défaire de ceux qui paraissaient trop redoutables, et on voulut en assassiner d'autres. Des moyens si lâches eurent pour dernier effet de consolider un pouvoir obtenu par l'intrigue, et l'empereur rentra sous un joug dont il redoublait la honte. A sa mort les eunuques disposèrent de l'empire au préjudice de son fils, mais en faveur de son frère, qui les réprima insuffisamment, et qui, moins par sagesse que pour favoriser les tao-sse, dont il écoutait les impostures, proscrivit d'autres bonzes, au nombre desquels son rescrit comprenait ceux de Ta-tsin. « Ils sont trois mille, disait-il ; mon ordre est aussi qu'ils retournent au siècle, afin que dans les coutumes de notre empire il n'y ait point de mélange : depuis trop long-temps on diffère de remettre les choses sur l'ancien pied. » On démolit plus de 44,000 pagodes de divers cultes ; on en fondit les statues, et on sécularisa deux cent soixante mille cinq cents pauvres reclus des deux sexes, assez bien nantis des commodités de ce monde.

La famille régnante s'avançait vers sa perte. La jeunesse de Hi-tsong, la futilité de ses penchans, laissèrent passer dans les mains ambitieuses de quelques grands, et dans celles des eunuques, l'autorité que son père Y-tsong avait fait haïr par sa dureté comme par ses dilapidations, et qu'il avait avilie en rassemblant toute sa maison pour recevoir à génoux une sorte de relique arrivée d'un pays que les historiens ne désignent pas. Des révoltes opiniâtres éclatèrent de plusieurs côtés; on ne retrouvait pas même ce repos imparfait, cette unité dont on avait paru jouir durant les deux derniers siècles. Un des rebelles qui contribuèrent le plus à l'abaissement des Tang, Hoang-tsao, en s'emparant de Tchang-ngan, s'y fit proclamer empereur. Il disait que le sang qui ruisselait dans les rues de cette ville impériale était nécessaire pour les laver; on versa le sien, mais cette justice du sort ne rendit point le calme à l'empire, que plusieurs factieux s'efforçaient de démembrer, sans savoir si un seul d'entre eux en recueillerait les débris. Kao-pien ravageait le Ssé-tchuen; Tsin-tsong-kiuen dévastait le Ho-nan et le Chan-tong; un eunuque tenait l'empereur dans sa dépendance, et Tchu-meï choisissait le prince Li-yun pour en faire un autre empereur : ils succombèrent tous.

Après quinze ans de règne, Hi-tsong étant mort sans laisser de fils, les grands désiraient pour son successeur son frère Li-pao, dont on connaissait la capacité ; mais l'eunuque Yang-fou-kong eut ses raisons pour supposer qu'en expirant l'empereur avait désigné un autre de ses frères, qui prit sur le trône le nom de Tchao-tsong. Ne voyant que des ministres et des gouverneurs d'une fidélité incertaine, il passa malgré lui trois années dans la dépendance de cet eunuque, dont il fallut ensuite punir la révolte. Dans ces temps funestes, il était difficile d'apaiser un soulèvement sans faire du chef employé pour cette mesure un nouveau rebelle. Le gouvernement des provinces appartenait au plus fort ; les divers commandans se servaient des troupes qui leur étaient confiées pour venger leurs propres injures, et pour s'ouvrir le chemin du trône. Ceux qui, avant d'exercer quelque autorité, demandaient du moins l'agrément de l'empereur, ne le faisaient que pour la forme, et ils étaient sûrs de l'obtenir, tant on craignait de ne pas assez ménager quiconque réunissait un certain nombre de partisans. Peu satisfait de la cour, un simple officier, Li-meou-tchin, fut sur le point de renverser, en 894, la famille impériale; cependant elle obtint encore treize années de langueur, dues principalement au valeureux Li-ke-yong, que l'empereur n'aimait pas, mais qui, par ambition, prenait quelquefois sur lui de poursuivre les rebelles, et dont le fils Li-tsun-hiu a paru plus heureux encore dans ses entreprises.

Des violences commises par l'empereur Tchao-tsong, qui s'était enivré à la chasse, fournirent un prétexte à l'eunuque Lieou-ki-chou pour se saisir de lui, et pour entreprendre de le déposer, sans attenter en apparence aux droits du reste de la famille, mais afin d'avoir sous sa tutelle un jeune monarque. Bientôt pourtant on vengea Tchao-tsong, on se disputa l'honneur de le délivrer : ces nouveaux ambitieux se battaient avec l'acharnement des guerres civiles, qui excitent plus de haine parce qu'elles ont presque toujours, de part ou d'autre, un but illégitime, et des commencemens inexcusables. Dans Fong-siang, où était assiégé l'empereur, défendu, ou plutôt retenu par Li-meou-tchin et par les eunuques, on vendait la chair humaine cent deniers la livre.

En paraissant délivrer l'empereur, Tchu-ouen lui impose un autre joug, et l'agitation est trop grande pour que le massacre des eunuques rétablisse le calme que plusieurs chefs affectent de désirer. Tchu-ouen, craignant qu'on ne lui enlève l'empereur, l'emmène à Lo-yang, fait tuer ses gardes, lui en donne d'autres, et rase la ville de Tchang-ngan. Quelque temps après on immole l'empereur, un de ses fils, âgé de treize ans, lui succède. Tchu-ouen ordonne d'étrangler tous les autres, et il se place enfin lui-même sur le trône, sans négliger de sacrifier au bout d'un an le dernier des Tang. Cet homme audacieux et atroce comptait parmi ses courtisans un de ces faux sages qui, semblables en un point à d'autres fourbes, ne veulent de la philosophie

que de certaines apparences propres à
couvrir leur bassesse.

5º. LES CINQ DYNASTIES POSTÉRIEURES.

(Temps d'agitation.)

La plupart des princes et des gouverneurs qui disposaient de quelques
troupes refusèrent l'obéissance à l'o-
dieux Tchu-ouen. Plusieurs royaumes
indépéndans s'élevèrent : il serait impossible d'éclaircir cette confusion
dans un abrégé rapide. L'existence de
l'empire fut remise en question, comme
après la chute des Thsine, plus de mille
ans auparavant.

Li-ke-yong, prince de Tein, aurait
pu songer à renverser l'usurpateur, et
à le punir de tous ses crimes; mais Ye-
liu-apaoki, conquérant tatar de la tribu
des Khi-tan, avec lequel le loyal Li-ke-
yong avait fait un traité d'amitié, le trom-
pa aussitôt, et se concerta avec Tchu-
ouen, devenu l'empereur Taï-tsou.
L'année suivante, Li-ke-yong n'étant
plus, son fils, qui hérita de ses qualités,

fit alliance avec Li-meou-tchin, prince de Ki; la ligue devint imposante, et on eut contre les troupes impériales des succès que suspendit un moment la témérité d'un de ces princes, celui de Yen. Il voulait que, sous peine de mort, on le saluât aussi empereur. Deux années après il eut la tête tranchée; mais cela ne rebuta point ceux qui marchaient sur ses traces. Enfin, Taï-tsou, consterné par de nouvelles défaites, retourna s'enfermer dans la capitale, où son fils le fit massacrer par un esclave, de la main même duquel le parricide ne tarda pas à recevoir la mort. Tchu-yeou-tchin, autre fils de Taï-tsou, régna sous le nom de Mo-ti.

Il opposa, en 918, aux grands préparatifs du prince de Tcin, une armée non moins nombreuse. L'avantage resta au valeureux Li-tsun-hiu, qui, environ cinq ans après, se décidant à prendre le titre d'empereur, voulut que sa famille continuât en quelque sorte celle des Tang, qu'il avait eu pour objet apparent de relever, mais dont il n'existait plus d'héritiers directs. Tchuang-tsong fut le nom impérial de ce fondateur de la dynastie des Heou-tang. La faveur qu'il accorda à des histrions, et qui mécontenta les grands, servit à enhardir des bonzes, dont on assure que le métier différait peu de celui des comédiens. La sécheresse étant générale, l'an 925, un de ces moines, qui se vantait de diriger les nuages, eut l'audace de ne pas même rendre à l'empereur son salut, et l'imprudence de consentir, disait-il, à être brûlé vif s'il ne pleuvait pas incessamment. La pluie ne venant pas, il craignit qu'un jour il ne lui fût fait selon sa parole, et il mourut, quoiqu'il fût parvenu à s'évader.

Le dernier prince de cette dynastie fut Lou-ouang. Un capitaine qui avait fait avec lui ses premières campagnes, Che-king-tang, s'étant allié avec les Tatars, qui menaçaient toujours les frontières, le réduisit à périr dans les flammes, et fonda la dynastie des Heou-tcin. Kao-tsou, ne devant son élévation qu'à l'assistance des Tatars, leur livra des villes que leur situation rendait importantes, et montra une dé-

férence humiliante à leur chef, qui méditait la conquête de la Chine : il lui
écrivait comme un sujet écrit à son
maître, et le tatar l'en blâmait, tant il
voulait montrer de retenue. Quand des
hommes de ces contrées sauvages prétendent s'instruire et se former, souvent leur prudence est astucieuse ;
comme la plupart des esprits vulgaires,
ils voient les avantages de la ruse, mais
ils ne voient pas encore ceux de la justice
et de la sincérité. Ce vil monarque, Kao-
tsou, eut un fils digne de lui, et dont
les jours furent abrégés par la crainte
d'avoir déplu à son protecteur, le tatar
Té-kouang.

Enfin les ennemis, secondés en 944
par la perfidie de deux chinois, désolèrent l'empire et occasionèrent ainsi
la chute des Heou-tcin. Té-kouang essuya d'abord des défaites, mais elles ne
l'engagèrent pas à renoncer à ses desseins. En 946, le commandant de l'armée impériale, trompé par Té-kouang,
et espérant être placé sur le trône, lui
livra les troupes ; alors l'empereur de
la Chine fut réduit à écrire qu'il atten-

dait humblement les ordres de l'étranger. Du reste ce barbare affecta plus de modération que n'en avaient montré des grands de la Chine dans une semblable prospérité; il punit même un de ses lieutenans, coupable d'avoir livré au pillage Ta-léang, la capitale. Toutefois il eut soin d'envoyer au-delà des frontières l'empereur, et jusqu'aux chevaux de la cavalerie. Les gouverneurs des villes se soumettant, à l'exception d'un seul, Té-kouang dut un moment se croire assuré de sa conquête; mais Licou-tchi-yuen, gouverneur de Ho-tong, méditait de relever l'empire.

On vit alors la puissance des institutions de la Chine. Té-kouang, dont la domination fut si courte, donna un exemple que n'ont pu s'empêcher de suivre la plupart des autres Tatars conquérans; il fit ce qu'avait fait moins à propos, chez les Perses, le fils de Philippe; il adopta les usages des vaincus, et il prit jusqu'à leur costume : il croyait impossible de se maintenir chez une nation aussi considérable sans son assentiment. Cependant les Chinois ne

furent point séduits par ces ménage-
mens que lui conseillait sa politique;
ils n'y virent que de la dissimulation, ils
ne s'en promirent aucun bien réel. Le
prince de Pé-ping, Lieou-tchi-yuen,
attendait le moment favorable ; mais,
au premier ordre de se tenir prêts pour
entrer en campagne, ses soldats, im-
patiens, le décidèrent à se laisser proclamer empereur, et cette nouvelle
releva les espérances de plusieurs provinces. Té-kouang, que sa puissance
commençait à fatiguer, et qui, sans prétendre toutefois abandonner la Chine,
se rapprochait de la Tatarie sous prétexte d'éviter les chaleurs, mourut en
chemin. Les Tatars ayant voulu em-
baumer son corps selon des procédés
peu savans, les Chinois se vengèrent
de leur humiliation en désignant Té-
kouang sous le nom de Ti-pa, l'empereur salé.

Le commandant que ce tatar avait
laissé dans la capitale de la Chine
fit nommer empereur Li-tsong-y, de
la famille des Tang-postérieurs; il espérait par là diviser les Chinois, et

arrêter les progrès de Lieou-tchi-yuen. Mais Li-tsong-y lui abandonna le pouvoir, et le sauveur de la Chine, entré dans Ta-léang sans sacrifier un seul homme, parut avoir bien des titres pour s'y faire reconnaître. Il commença, sous le nom de Kao-tsou , la dynastie des Han-postérieurs que son fils mérita de voir finir : elle ne dura que cinq années.

Les Tatars n'avaient alors aucun chef qui pût songer à reprendre la Chine ; mais ils y faisaient des incursions, et ils enlevaient beaucoup de butin. Envoyé contre eux, l'année suivante , avec le titre de grand général, Kouo-oueï se hâta d'abuser de sa position ; il fallut lui abandonner l'empire qu'il gouverna sous le nom de Taï-tsou. Cette nouvelle dynastie , nommée des Tcheou-postérieurs, ne dura que huit années, sous trois princes. Quoique le dernier soit compté au nombre des empereurs, il a régné presque aussi peu de temps que le dernier prince de Han-postérieurs, retranché par les historiens, comme n'ayant eu que cinq jours d'un pouvoir contesté.

Chi-tsong, successeur de Taï-tsou, était un peu sévère, mais brave, judicieux et droit : il mourut à l'âge de trente-neuf ans. Dans des temps moins orageux, et s'il eût eu une carrière plus longue, il eût fait le bonheur de l'empire. Ce fut surtout à cause de la jeunesse de Kong-ti, fils de Chi-tsong, que le sceptre passa en d'autres mains.

6°. LES SONG.

(*Dix-neuvième dynastie.*)

Tchao-kouang-yn, dont la réputation avait fait ombrage aux ministres du jeune Kong-ti, mais qu'enfin on avait envoyé contre les Tatars, fut salué empereur par ses troupes, l'an 960 ; sous le nom de Taï-tsou, il fonda une dynastie puissante. Il fut alors constaté qu'à la naissance d'un tel prince une odeur suave et une lumière toute céleste s'étaient répandues dans la chambre où allaient retentir ses premiers vagissemens. C'est une prérogative orientale dont nous sommes privés, au milieu des pays prosaïques ; mais il reste quelquefois à nos grands celle d'entendre répéter que partout on les croit et on les admire, quand peut-être on les comprend et on les souffre. Tai-tsou avait beaucoup de pénétration, une taille majestueuse et une noble physionomie.

Dès que les Tatars apprirent que les troupes impériales avaient à leur tête un guerrier de ce mérite, ils se retirèrent, ils lui laissèrent ainsi le temps d'asseoir son autorité. Plein de droiture et de modération, il n'eut besoin, pour pacifier presque aussitôt la plus grande partie de l'empire, que de marcher contre le gouverneur de Loutcheou, qui, dans l'espoir de lui résister, s'unissait avec les Han septentrionaux. Sans être fort instruit, Tai-tsou aimait les sciences; il voulut prononcer l'éloge de Kong-tsé, ainsi que de Yen-tsé; il leur rendit des honneurs nouveaux; il fonda plusieurs colléges, et on compta beaucoup d'écrivains sous cette dynastie.

Trop d'exemples dans les guerres intestines avaient habitué les princes à regarder le trône comme le prix de l'audace, ou même de la trahison ; cette disposition des esprits ne pouvait changer tout à coup. L'empereur eût désiré soustraire au plus dur des gouvernemens le pays des Han méridionaux, mais il suspendit ce dessein pour réduire le prince de Chou, qui s'alliait avec les Han du nord ; la campagne fut terminée en soixante-six jours, et les quarante-cinq départemens de Chou ne relevèrent plus que de l'empire. Lorsqu'ensuite Tai-tsou résolut de soumettre le Kiang-nan, il donna des ordres réitérés pour qu'on ménageât le peuple dans cette expédition, d'ailleurs assez rapide ; on remarqua de plus que, sans se borner à déplorer les malheurs de la guerre, il faisait distribuer des secours aux familles tombées dans l'indigence.

Quelques provinces manquaient encore pour la réunion de toutes les contrées de l'empire ; la plus importante formait le royaume de Pé-han, ou des Han du nord, dont les princes ne cessèrent d'être indépendans que sous le frère de Tai-tsou. Ils songeaient même à faire valoir leurs prétentions au trône de la Chine; mais les Tatars Leao les contraignirent d'y renoncer en traitant eux-mêmes avec l'empereur. Satisfait de la suspension générale des hostilités, il songeait à transférer sa cour à Lo-yang, ou à Tchang-ngan, afin de licencier quelques troupes, et de remettre au peuple une partie des impôts. Il s'en laissa dissuader, et ainsi contrarié dans l'exécution de ses plans, il résolut d'attaquer les Han du nord; il se flattait de les soumettre en une seule campagne, mais leur résistance eût pu se prolonger, parce qu'il était de l'intérêt des Tatars de les défendre. C'est alors qu'une courte maladie enleva à l'empire ce grand capitaine, aussi recommandable dans la paix que dans la guerre, prince parvenu, mais homme juste, rempli d'affabilité ou d'indulgence, et religieux observateur de sa parole.

Son frère lui succéda; il voulut réduire à son obéissance le prince de Han, dont le pays était un démembrement de l'empire; il s'inquiéta peu que cela convînt ou ne convînt pas aux Tatars : le prince, s'étant rendu à discrétion, fut honorablement traité. Tai-tsong marchait alors sur les traces de son prédécesseur ; mais plus tard son caractère s'affaiblit, cependant l'opinion lui resta favorable jusqu'au dernier moment.

Malgré des avantages remportés sur les Leao, Tai-tsong ne peut reconquérir tout ce qu'ont envahi, au sud de la grande muraille, ces Tatars, qui reprennent vers cette époque leur ancien nom de Khi-tan. La guerre recommence contre eux en 986; la lutte paraît d'abord incertaine, mais les généraux se laissent affaiblir par leur mésintelligence, et alors les Khi-tan obtiennent la supériorité. En 989 au contraire, ils sont défaits; ainsi se prolonge cette guerre qui désole les provinces septentrionales, et, même après des revers, l'empereur paraît plus occupé de ses plaisirs que des moyens de la terminer heureusement. Bientôt il se contente de la voir suspendue; en vain les Niut-chi, peuple de race toungouse, lui proposent de se joindre à lui contre les Khitan : au lieu de profiter de cette circonstance, il souffre que les Niutchi se donnent aux plus redoutables ennemis que l'empire ait encore eus. Ce repos, pour lequel l'empereur faisait tant de sacrifices, fut troublé par la révolte d'une province que désespéraient les exactions des mandarins. Le chef des révoltés ayant battu l'armée envoyée contre lui, l'empereur voulait négocier, mais on le détourna de cette faiblesse. Li-chun, qui réunissait jusqu'à deux cent mille hommes, fut vaincu et mis à mort ; cependant les désordres commis ensuite par les officiers de l'empire ranimèrent la révolte, qu'un plus sage général sut enfin apaiser.

Un eunuque s'efforce vainement de substituer le fils aîné de Taï-tsong à son troisième fils, désigné pour lui succéder. En 999, la Chine perd deux de ses meilleurs capitaines, au moment où les Tatars envahissent les provinces limitrophes ; l'empereur marche contre eux, et, dans leur retraite, ils abandonnent le butin considérable qu'ils ont fait. La révolte se ranime vivement dans la province de Ssé-tchuen ; en quelques mois elle est réprimée, mais un autre rebelle donne plus d'inquiétude parce qu'il s'allie avec les Tou-fan. Les Hoeï-ho demandent qu'on le réduise : à cette condition ils offrent le tribut ; mais les Khi-tan soutiennent ouvertement cette ancienne rébellion, et l'empereur se décide, non sans peine, à rejoindre les forces envoyées contre eux. L'étendard impérial, en donnant aux troupes une grande ardeur, répand l'alarme sous les tentes des ennemis : on n'en profite que faiblement. L'empereur désire la paix, afin de soulager le peuple, et on stipule que le chef des Khi-tan montrera au grand monarque la déférence qu'on doit à un frère aîné, mais que, par compensation apparemment, il recevra de la Chine cent mille taël d'argent (ou environ sept cent cinquante mille francs), et deux cent mille pièces de soie. De part et d'autre on remplit fidèlement les conditions de cette paix, qui du moins ramène l'abondance dans le Ho-pé, c'est-à-dire dans la partie de la Chine qui est au nord du Hoang-ho.

Mécontent lui-même d'un traité si peu honorable, et cherchant à se réintégrer dans l'opinion, l'empereur commit une faute moins excusable encore. On lui persuada de laisser faire un miracle. Il lui arriva donc du ciel un livre dans lequel, en lui donnant quelques préceptes de conduite, on lui adressait des complimens assez flatteurs : il le reçut en cérémonie. Les grands, qui souriaient, le félicitèrent sans aucune difficulté ; mais le secret transpira, et dans la plupart des provinces on parodia le prodige de la capitale, avec moins de fracas, et en gardant les proportions convenables pour des villes du second ordre. Cette comédie fut jouée avec un ensemble dont quelques hommes, plus voisins de nous, pourront faire leur profit dès que sonnera l'heure qu'ils préparent. De temps à autre l'empereur avait aussi des visions ; il gardait son livre céleste dans une boîte d'or, et sa boîte dans un palais sacré, mais l'histoire a tout renversé dans la boue. Incapable de sentir combien il devenait ridicule, Tchin-tsong fut en dernier lieu un disciple des Tao-sse, un protecteur des Ho-chang, bien qu'auparavant il eût rendu des honneurs solennels à Kong-tsé, en le qualifiant de souverainement sage ; tandis qu'il s'occupait de vieilles superstitions, ou de nouveaux prodiges, il refusa de secourir la Corée, qui eût préféré payer à la Chine le tribut exigé d'elle par les Khi-tan.

Le dénombrement fait en 1014 des familles payant tribut donne neuf millions neuf cent cinquante-cinq mille sept cent vingt-neuf familles, ou vingt-un millions quatre-vingt-seize mille neuf cent soixante - cinq personnes ; mais il résultera d'un autre dénombrement, ordonné soixante-neuf ans après, dix-sept millions deux cent onze mille sept cent treize familles, payant également des impôts. Cette différence excessive confirme la supposition de quelque vice inconnu dans la manière de faire ces relevés. Comment admettre d'ailleurs que dix millions de familles ne se composent que de vingt-un millions d'individus? Beaucoup plus tard, au temps de Chi-tsou, on en a trouvé près de cinquante-neuf millions, et sans doute il s'agissait de la Chine seule, et non de tout l'empire mongol. D'aussi grandes variations paraissent bien difficiles à expliquer par les disettes, ou par les autres calamités auxquelles la Chine n'est pourtant que trop exposée. A la fin de 1037, il y eut un tremblement de terre qui fit périr vingt-deux mille hommes; un peu plus de dix-neuf ans après, on en éprouva un non moins funeste dans une autre province. Seize mois auparavant, un débordement du Hoang avait causé de grands ravages, et quelques années plus tard une pluie violente fit périr quinze cents personnes dans la ville où séjournait la cour. En 1102, un tremblement de terre dura dix jours; celui de 1037 avait été plus désastreux encore; celui de 1290 détruisit cent mille hommes. La même année, l'abondance des pluies dans une autre province ruina tellement les récoltes, que plus de cent mille familles s'expatrièrent pour chercher des alimens.

L'année suivante, une seule ville doit avoir perdu par la même cause dix mille huit cents maisons; et, en 1642, un semblable événement a donné la mort à trois cent mille personnes. En 1240, durant la guerre contre les Mongols, on vendit publiquement de la chair humaine dans le Lin-ngan. Le tremblement de terre de 1125 engloutit les greniers publics de Lan-tcheou; celui de 1616 dura vingt-huit jours; et, en 1555, une secousse semblable avait détruit quatre-vingt mille hommes. Péking souffrit beaucoup de celle de 1679, il y eut trois à quatre cent mille victimes; en 1718, plusieurs montagnes et une partie des villes de Chen-si furent renversées, et le tremblement de 1730 causa encore de grands ravages dans Pé-king ou dans les environs. En 1467, des pluies abondantes détruisirent la récolte dans cent quarante districts. La petite-vérole, qui paraissait n'avoir pas été redoutée en Chine dans des temps très-reculés, et qu'on avait crue arrêtée au dixième siècle par l'inoculation, devint ensuite une véritable épidémie : on veut qu'en 1767 elle ait enlevé dans Pé-king cent mille enfans. Si on joint aux inondations et aux sécheresses, dont les annales de la Chine font une si fréquente mention, d'autres fléaux, comme l'abondance des sauterelles et la violence des vents, on jugera que sous ces rapports la Chine est loin de jouir de la sécurité que donne le climat d'une grande partie de l'Europe, et qu'ainsi s'expliquent, chez cette multitude trop nombreuse, un labeur devenu opiniâtre jusqu'à la servilité, une sorte de stagnation de l'intelligence trop absorbée par le sentiment des premiers besoins, et une misère qui peut reproduire encore le scandale, si exagéré d'ailleurs, de l'exposition des enfans. Il est dit, dans l'histoire des Mongols, qu'en 1334, la Chine, surtout vers le midi, a perdu par la sécheresse, par la disette et par les maladies qui en furent la suite, treize millions d'hommes, ou deux millions deux cent soixante-dix mille familles.

On ensevelit dans la terre, avec le

corps de Tchin-tsong, les livres célestes qui l'ont déshonoré ; on cherche à punir les nombreux auteurs des sortiléges qu'il encourageait par son exemple, et le jeune Gin-tsong, prince déjà estimé, commence un règne qui ne trompe point l'attente publique. Plusieurs de ses successeurs sont aussi des princes équitables, sobres, pacifiques et modérés ; c'est ainsi que les Song s'affermissent. Un jeune chef tatar médite de s'agrandir aux dépens de la Chine ; en 1038, pouvant rassembler plus de cent cinquante mille hommes, il prend le titre d'empereur des Hia. C'est en cette qualité qu'il écrit à Gin-tsong, afin d'en être reconnu solennellement ; pour toute réponse, Gin-tsong met sa tête à prix. Aussitôt Tchao-yuen-hao s'empare de plusieurs villes vers les frontières, et l'année suivante il défait une armée chinoise ; mais ensuite, voyant la Chine réconciliée avec les Tatars Khi-tan, il juge à propos d'écrire à l'empereur avec plus de déférence. Alors Gin-tsong le traite en roi de Hia, et la paix s'établit : elle devient plus assurée l'année suivante; le roi de Hia se reconnaît vassal de l'empire. C'était surtout pour l'avantage des peuples que Gin-tsong avait désiré la paix, et dès lors il ne l'avait pas voulue à des conditions humiliantes. Lorsqu'elle fut conclue, il se livra au soin d'encourager les études; il donnait toute sa confiance à Sée-ma-koang, lettré illustre et mandarin fidèle.

Quant au redoutable Tchao-yuen-hao, après avoir vaincu les Khi-tan, il eût laissé peu de repos à la Chine, si son fils ne l'eût tué dans un transport jaloux. Ce furieux fut mis à mort, et Li-tsiang-tso, petit-fils de Tchao-yuen-hao, fut reconnu roi de Hia par l'empereur, qui ne voulut pas se prévaloir des malheurs d'une cour voisine et en fomenter les divisions; mais on eut quelques démêlés avec les Khi-tan, dont le prince, d'une humeur peu belliqueuse, fréquentait les tavernes et les pagodes.

Durant la paix avec Tchao-yuen-hao, l'empire est troublé par l'audace d'un homme qui, dénué d'instruction, de pouvoir et de fortune, après s'être fait esclave et avoir obtenu d'être soldat, se joint à des magiciens pour essayer du seul moyen d'élévation qui ne demande aucun mérite. Il annonce un nouveau règne de Bouddha; écouté, suivi et prôné avidement, il pille un arsenal, il s'intitule le prince pacificateur de l'Orient, puis il est pris d'assaut dans ce qu'il appelle sa capitale.

Sous Chin-tsong, un nouveau prince de Hia reçoit l'investiture des mains de l'empereur, et, comme ce gouvernement adopte en grande partie les coutumes des Chinois, l'empire pourrait se promettre plus que jamais des jours de splendeur; mais on approche du moment où doit s'élever Tchinghiz.

Séduit par le talent et peut-être par l'opiniâtreté même de Ouang-ngan-ché, Chin-tsong en fait son ministre, et le laisse suivre un système particulier, dont il ne paraît pas que le bien de l'état soit le véritable objet. Le censeur de l'empire dit alors au prince : « Les sages désapprouvent ces règlemens captieux, et le mécontentement du peuple augmente, quoiqu'il garde le silence. » —

« Qu'entendez-vous, dit Chin-tsong, par un mécontentement que vous observez, tandis qu'il ne se déclare pas ? » — « C'est ce qui a lieu, réplique le censeur, lorsqu'on n'ose parler, et lorsqu'on ose être indigné. »

Ces circonstances suggérèrent aux Kiang l'idée d'une invasion ; ils furent repoussés avec perte. Peu de temps après, les peuples du Tong-king, provoqués par l'imprudence d'un commandant chinois, envahirent une province et massacrèrent, dans une seule ville, cinquante-huit mille habitans. Les Khitan, qui avaient repris le nom de Leao, firent aussi des menaces ; on eut le bonheur de battre les premiers, et la faiblesse de céder aux seconds ; il n'y eut pas de guerre générale, mais le ministre fut disgracié. L'empereur tenait tellement à conserver la paix, qu'il aima mieux abandonner quelques villes que de reprendre au contraire, comme cela paraissait facile, le terrain auquel la grande muraille devait servir de rempart. Cependant une paix si chèrement achetée ne pouvait être durable ; elle devint même l'occasion de guerres plus sanglantes. Chin-tsong n'avait ni assez de prudence pour réussir en temporisant, ni assez de forces pour que des entreprises hasardeuses ne lui devinssent pas funestes. Il voulut prévenir l'union des Leao et des Hia; ces derniers furent attaqués; on se flattait de les soumettre en une seule campagne, mais on perdit deux cent mille hommes, la caisse de l'armée, de grands magasins et six villes de guerre.

Sous Tché-tsong, les Hia et les Tubétains, ou les Tou-fan, inquiétèrent les provinces occidentales; mais les Leao n'ayant pas voulu se joindre aux premiers, on put encore prolonger une paix apparente : il arriva même qu'une partie des Kiang se donnèrent à l'empire. Alors on projeta une alliance avec les Niutchi pour reprendre sur les Leao le pays situé au midi de la grande muraille; mais cette idée n'ayant point eu de suites sérieuses, trois ans après, en 1114, tandis qu'on ne s'occupait que d'achever un palais fastueux, les hostilités commencèrent entre les Leao et les Niutchi, dont une partie de l'empire devint ensuite la conquête. Le chef des Niutchi, mécontent des Leao, les avait menacés de recourir aux armes s'il n'obtenait pas de satisfaction; ceux-ci méprisèrent un ennemi encore faible, sous lequel ils devaient bientôt succomber.

Après ses premières victoires, Akouta se fit donner un titre élevé; il adopta le nom chinois de kin, c'est-à-dire d'or, pour sa dynastie, que les Arabes appelèrent par conséquent Altoun. Il remporta d'autres avantages sur les Leao; mais l'empereur ne prenait pas même la peine de s'informer de ces événemens : les bonzes captivaient toute son attention. Le chef des Leao, qui se vit réduit à demander la paix, ne la voulut plus quand il connut toutes les prétentions du conquérant; cependant on renoua les négociations, mais Akouta, difficile à contenter, commençait aussi à mettre peu d'importance à la paix avec l'empire. Ce fut seulement lorsqu'il jugea convenable d'accabler d'abord les Leao, qu'il ne refusa plus de

conclure un traité, à l'occasion duquel
Hoeï-tsong et Akouta se traitèrent mutuellement de grands monarques. Les
Hia envoyèrent une armée au secours
des Leao; mais elle fut détruite, et les
Leao, dont le prince n'échappa qu'avec
peine aux Kin, n'eurent de succès que
contre les Chinois, qui cependant se
soutinrent mieux ensuite. Une paix favorable aux Kin fut enfin signée entre
eux et l'empire : Akouta mourut cette
année même, c'était en 1123.

Les Kin ne tardèrent pas à se plaindre de la Chine, et à se ménager des
prétextes pour y porter la guerre; l'empereur n'arma pas assez promptement,
et l'envoyé du Tatar, cessant de dissimuler, désigna le Hoang-ho comme
devant être désormais la limite des deux
états. L'empereur ayant abdiqué, son
fils Kin-tsong cherchait à continuer les
négociations; mais, encouragés par la
perfidie d'un Chinois, les Kin franchirent même le Hoang-ho sans qu'on
leur en disputât le passage, et le nouvel
empereur acheta la paix à des conditions accablantes : ainsi la dynastie des

Song fut avilie sans retour un demi-siècle avant d'être remplacée. Par un malheur nouveau, on se repent d'avoir traité, et les hostilités recommencent ; mais l'irrésolution est si grande que les efforts ou les sacrifices deviennent infructueux, et qu'au lieu de faire oublier la honte dont on s'est couvert, on n'a pas même les avantages momentanés qu'on s'en promettait. Abreuvée d'humiliations, la famille impériale est conduite en Tatarie au milieu des dépouilles de l'empire, dont on a chargé de nombreuses voitures.

Avant de s'éloigner, les Tatars avaient élevé un fantôme d'empereur ; mais, à une grande distance de la capitale, qui était alors Kaï-fong, dans le Ho-nan, il restait un membre de la famille des Song. Il régna sous le nom de Kao-tsong, et il fit sa résidence à Yng-tien, aujourd'hui Nan-king. Le premier acte de son autorité fut de traiter, avec autant de clémence ou de douceur que la justice le demandait, ce Chinois que les Kin s'étaient avisés de placer sur le trône, et qui, n'ayant souffert qu'on l'y

élevât que pour éviter de plus grands
maux, avait toujours affecté même de
ne pas agir en véritable empereur. On
se hâta de lever des troupes, et on s'ef-
forçait de rétablir l'ancienne discipline.

Cependant les Tatars rentrent dans la
Chine, et Kao-tsong veut quitter Nan-
king. Ils perdent une bataille; c'est un
avantage qui devrait être décisif, la terreur de leur nom diminue, mais des
factieux profitent de cette situation de
l'empire. L'heureuse adresse, la fidélité
admirable de Tsong-tcè pourrait rétablir
les affaires, si l'empereur, moins ob-
sédé par des intrigans, était du moins
averti de ce qu'on voudrait entreprendre
pour son service, et pour le salut de
l'état. Tsong-tcé mourut de chagrin,
et les Tatars continuèrent à désoler la
Chine. Les malheurs s'accumulaient,
la cour même fut dans la plus grande
agitation ; des mutins exigèrent que
Kao-tsong cédât le trône à son fils, âgé
de trois ans ; vainement l'impératrice,
qu'ils voulaient charger de la régence,
fit observer que ce serait perdre entièrement la Chine, dont l'ennemi occupait

dejà le centre. Kao-tsong, rétabli par un coup de main, ne sut imaginer rien de mieux que de mendier la paix : on ne daigna pas même lui répondre.

Au milieu de cette confusion, si les plus habiles généraux des Tatars se fussent trouvés dans la Chine, sa ruine entière eût paru inévitable. Cependant les Kin, se sentant plus forts dans l'empire que ne l'avaient été les Leao, songèrent à plier à leurs mœurs les vaincus, et voulurent même leur prescrire un nouveau costume; mais il faut être bien puissant pour exiger de la multitude le sacrifice de ce qui n'est pas essentiel, c'est l'injure qu'elle ressent le mieux. De ce moment l'opinion fut plus décidée contre les Kin. A la vérité ils passèrent le Kiang, on n'osait les arrêter, et l'empereur s'embarqua pour échapper à leur cavalerie; mais, en triomphant même, ils éprouvèrent de ces échecs qui apprennent au vainqueur à douter de sa fortune. Insensiblement aussi vers le nord de l'empire la résistance devenait plus opiniâtre; le brave Li-yen-sien battit deux fois les Tatars, mais la ja-

lousie d'un autre commandant le priva
des renforts qu'il attendait, et voyant
qu'après la plus vive résistance il serait
contraint de livrer Chen-tcheou faute
de vivres, il se précipita dans le Hoang.
Tous les habitans de la ville furent massacrés. Dans Ping-kiang, le tatar Outchou fit tuer cinquante mille personnes;
mais presque aussitôt il essuya des défaites, et il craignit même de ne pouvoir
repasser le Kiang.

Le puissant Oukimaï venait de faire
un nouvel empereur qui ne devait être
qu'un nouveau lieutenant de ce roi tatar; mais la marche du général Outchou,
sa retraite vers les provinces septentrionales fut l'occasion d'un grand combat où les Chinois disputèrent la victoire avec tant de constance que les Kin
résolurent de regagner la Tatarie. Cependant des rebelles, qui désespéraient
de se soutenir par eux-mêmes, se donnèrent à cette sorte d'empereur, à ce
Lieou-yu que les Kin flétrissaient de
leurs vains respects.

L'année suivante Outchou rentre dans
la Chine avec de grandes forces; il y est

défait par Ou-kiaï. La difficulté des communications du négoce, au milieu du continuel mouvement des troupes, fait alors substituer des billets à l'argent monnayé. Le public les reçoit d'abord avec empressement, mais on ne tarde pas à en diminuer par degrés la valeur: cet exemple date de l'an 1131. Des compagnies avaient déjà fait précédemment une semblable entreprise, mais sans pouvoir remplir leurs engagemens; plus tard les Mongols ont eu aussi un papier-monnaie. Ces sortes d'opérations ne peuvent être faites qu'avec beaucoup de réserve par de simples compagnies : les particuliers ne savent comment s'affranchir de leurs promesses.

La fortune paraissant moins contraire, l'empereur voulut encourager la fidélité des peuples; il fit élever, dans toutes les villes restées sous sa dépendance, une pierre sur laquelle les mandarins lisaient : « Souvenez-vous que vos appointemens sont la chair et les os du peuple; il vous serait aisé de rendre votre administration tyrannique, mais il est impossible de tromper le Tien.» Si cette déclaration de principes n'eût pas été faite au milieu des périls, les sentimens généreux de la cour eussent produit plus d'impression.

Outchou, se flattant de rendre aux armes des Kin leur premier éclat, se présente avec de grandes forces dans la province de Ssé-tchuen, en 1133; mais l'intrépide Ou-kiaï la défend, et l'armée des Tatars périt presqu'entière. De nouvelles troupes veulent forcer d'autres passages; la vigilance d'Ou-kiaï n'est pas en défaut, et les Kin succombent encore. Ce général de l'empire et Yo-feï, son collègue, qui triomphe de l'armée de Licou-yu, rétablissent ainsi en partie la puissance de Kao-tsong; mais il a eu précédemment la faiblesse de reconnaître comme empereur des Tsi le rival que les Tatars ont voulu lui susciter, et qu'ils s'efforcent encore de soutenir pendant la campagne de 1134, au moyen d'une armée de cinquante mille hommes.

Oukimaï mourut l'année suivante; il avait régné avec beaucoup d'éclat sur les Tatars, il avait su choisir de grands capitaines, qui, après avoir détruit la puissance des Khi-tan, se flattèrent de soumettre la Chine gouvernée avec mauvaise foi, et surchargée d'impôts. L'ébranlement fut terrible, mais une si grande nation, menacée dans la plupart de ses habitudes, devait repousser des conquérans maladroits. Vers le sud les Kin renoncèrent à une partie de leurs prétentions, et presqu'en même temps ils se virent menacés au nord par un ennemi avec lequel il était difficile de traiter; la horde farouche des Mongols (1) parut très-redoutable au successeur d'Oukimaï, c'est de ce côté qu'il dirigea ses forces. Livré à lui-même, Licou-yu se fait battre; il rentre dans l'obscurité, mais toutes ses richesses sont perdues pour l'empire : le

---

(1) Pallas veut absolument que l'on ne confonde pas les Mongols avec les Tatars; mais ici on négligera cette distinction qui n'est confirmée d'ailleurs ni par quelques orientalistes plus modernes encore, ni par les Chinois même.

faible Kao-tsong subit de nouvelles humiliations.

Battus par les Mongols, les Kin se maintinrent néanmoins dans la Chine, et en 1139, ils en occupaient encore plusieurs provinces. Elle avait d'excellens généraux qui n'y auraient pas long-temps laissé l'ennemi, si une intrigue de cour n'eût rendu presqu'inutile la rapidité de leurs succès. L'inepte Kao-tsong signa un traité dans lequel, en réglant les limites des deux pays, il stipulait expressément que ses vils états relèveraient de l'empire tatar, et il ajoutait que le sien n'existait que par le bon vouloir des Kin. Le ministre Tsin-hoeï fut la principale cause de cette ignominie, après des victoires qui auraient pu délivrer la Chine, après des prodiges de dévouement qui l'auraient fait respecter des Tatars, sans la lâcheté de son prince. L'empire des Song ne conserva que les provinces maritimes au sud du Hoang, avec le Ho-nan et une partie du Chen-si; on n'y trouvait plus que cent quatre-vingt-cinq villes du premier et du second ordre (1). On en compte aujourd'hui quatre cents dans la Chine entière.

Cinq ans plus tard les Kin commencent à être tributaires des Mongols, dont le chef reçoit le titre de premier khan. Découragé de ce côté, le farouche Ticounaï, chef des Kin, entreprend l'invasion de la Chine à la tête de six cent mille combattans, et il arrive sur le Kiang. Des échecs considérables, et la nouvelle de quelques révoltes dans ses états, au lieu de le décider à retrograder, aigrissent son humeur, et portent sa dureté jusqu'à la démence ; alors ses officiers l'immolent, et en retournant vers le nord, ils font des propositions de paix. L'empereur désirait que cette fois elle ne fût pas aussi humiliante ; sans doute il ne se sentait pas la fermeté nécessaire, il abdiqua en faveur du prince qu'il avait déjà désigné pour son successeur. Après de grandes difficultés que suscita princi-

____

(1) Mais non du premier ordre seulement, comme il est dit dans l'Histoire générale, t. VIII.

palement l'infidélité d'un négociateur, Hiao-tsong, homme de mérite, et prince religieux sans petitesses, conclut, à des conditions aussi favorables qu'on pouvait l'espérer alors, une paix sincère. Oulo, le chef des Kin, était sage, équitable et modéré; il honorait le Tien, et se défiait des bonzes; il a laissé dans l'Orient un grand nom. En quittant le pouvoir, il dit à celui qui devait lui succéder: «Le gouvernement n'est pas si difficile que vous le pensez peut-être; éloignez les flatteurs, écoutez les hommes simples, soyez droit et sans détours, vous règnerez honorablement. »

Ce repos dura jusque vers le commencement du treizième siècle. Les Chinois surtout firent des préparatifs qui décidèrent une rupture; mais la campagne fût malheureuse; et, en 1208, on donna au tatar Madacou les satisfactions qu'il exigeait : on lui porta la tête de celui qui avait attiré sur l'empire ces nouveaux malheurs. Peu de temps après, Madacou, en mourant, choisit pour successeur Tchonghci; c'était un descendant d'Oukimaï, mais il manquait de force d'âme et de capacité.

Dès l'année 1213, les Kin, affaiblis par leurs divisions, cessèrent de balancer l'ascendant des Mongols, qu'ils appelaient Tatché. Ces nouveaux dominateurs rangèrent sous leurs lois les Leao, même ceux du Leao-tong; ils accordèrent la paix aux Kin, ils vinrent s'emparer d'une forteresse à neuf lieues de Pé-king, vers le nord, et ils seraient même entrés sur le territoire resté aux Chinois, si la grande muraille ne l'avait pas garanti de ce côté. Leur khan, Tchinghiz, était déjà redoutable; les Kin lui donnèrent une princesse en mariage, on y joignit mille jeunes gens de l'un et de l'autre sexe, trois mille chevaux et d'autres présens : il s'éloigna en faisant massacrer les prisonniers qui embarrassaient sa marche triomphante. Malgré cette alliance, le roi des Kin, craignant toujours les Mongols, renonça au séjour du pays le plus rapproché d'eux, mais aussi le plus facile à défendre; il passa le Hoang, ce qui décida sa ruine. Le khan affecta de voir dans ces changemens l'indice d'un projet de rupture; il rompit lui-même, et ses généraux prirent et pillèrent la demeure royale que les Kin venaient de quitter : c'était Yen-king, peu éloignée de Pé-king. Des défections achevèrent ensuite la décadence des anciens ennemis de la Chine; à la vérité les Mongols essuyèrent un échec à deux lieues de leur nouvelle capitale, mais ces vicissitudes ne servaient qu'à prolonger la guerre.

L'empereur Ning-tsong tirait peu d'avantage de cette lutte entre les Mongols et les Kin; néanmoins il crut pouvoir se dispenser de payer le tribut aux derniers : ce fut un prétexte dont ils profitèrent pour se dédommager vers le sud de leurs pertes au nord. Les succès furent partagés, et les Kin, placés entre deux ennemis, proposèrent la paix à Ning-tsong, dont le refus les irrita beaucoup; ils recommencèrent les hostilités avec une nouvelle violence, mais ils furent battus, et les Mongols profitèrent aussi de cette diversion, soit contre les Kin, soit pour rendre tributaire la Corée. Ainsi se préparait la ruine des Kin, présage de la défaite des Chinois, qui s'allièrent en 1221 avec les Mongols, tandis que la prudence eût voulu sans doute qu'ils se concertassent avec les Kin. Mais ce sont de ces alternatives sur lesquelles on peut n'être éclairé avec certitude que par l'événement. A cette époque, les ministres chinois ne devaient avoir qu'une idée très-imparfaite de la destinée du terrible Tchinghiz : trop souvent l'histoire prononce sur la conduite des hommes d'état, d'après des données qui ne leur ont pas été offertes au moment favorable.

Tchinghiz triomphe vers le couchant; il s'empare de Samarkand, qui sera la capitale de Timour-gourgañ ou Timour-lenk (Tamerlan), et même il s'avance jusques dans le Khorassan. Mouholi, un de ses plus grands capitaines, voulant imposer aux Kin de dures conditions, leur chef Outoubou les rejette et succombe : il meurt en 1223. Ninkias-sou, qui lui succède, demande encore la paix aux Mongols, et la propose à l'empire ; mais Ogotaï, le nouveau khan, veut la destruction des Kin, ne fût-ce que pour se venger du traitement qu'un envoyé mongol a reçu chez eux. Dans le dessein de leur enlever une province importante, et d'après les instructions laissées par Tchinghiz lui-même, le frère d'Ogotaï fait demander le passage sur les terres de la Chine, qui commence à redouter les Mongols, et qui cependant les mécontente. Ogotaï passe lui-même le Hoang, après Toleï son frère ; parvenus jusqu'auprès de Kaï-fong, nouvelle capitale des Kin dans le Ho-nan, les Mongols enveloppent leurs ennemis, ils les battent ; et, après avoir enlevé d'autres places, et avoir levé le siége de Lo-yang, admirablement défendue par une faible garnison, ils pressent vivement Kaï-fong.

Les assiégés font beaucoup de mal aux Mongols avec des machines dont la poudre doit être le principal mobile ; du moins l'éditeur du Tong-kien-kang-mou l'interprète ainsi en cet endroit, et avec beaucoup d'apparence de raison : d'ailleurs un autre missionnaire rappelle, à ce sujet, que les Chinois connaissaient déjà la poudre depuis plus de mille ans. Ce siége est extrêmement meurtrier ; les assauts se répètent durant seize jours et seize nuits ; et, après que l'ennemi s'est retiré, une maladie pestilentielle fait périr, dit-on, jusqu'à neuf cent mille hommes dans cette malheureuse ville. Le gouvernement impérial reste simple spectateur de cette lutte des étrangers au milieu de la Chine. Les négociations pour la paix n'ont point de suite ; la sagesse de Nin-kiassou se dément, et d'un autre côté l'ambition du khan n'est pas satisfaite : le royaume des Kin touche à sa destruction. Ogotaï se concerte avec l'empereur Li-tsong, d'autant plus facilement que les grands sont d'avis de saisir cette occasion d'accabler d'anciens ennemis ; un seul mandarin montre le piége que tendent les Mongols, il n'est point écouté. Les Chinois contribuent à la soumission de Kaï-fong, et les Mongols promettent de céder à l'empereur tout le Ho-nan, sauf à se donner ensuite la peine de le reprendre.

Ninkiassou s'éloigne d'une place qui ne pourra opposer à de nouvelles attaques qu'une assez faible résistance ; il est vaincu dans sa retraite, et la ville de Kaï-fong en est consternée. On y manque de tout, des mères y dévorent la chair de leurs enfans ; une anarchie sanglante achève de détruire les ressources des assiégés ; un séditieux les pille, les décime, et les livre aux Mongols, qui, lui enlevant tout le fruit de ses rapines, lui font expier ses forfaits dans l'opprobre. Les historiens exagèrent sans doute la population de cette grande ville et de son territoire ; outre les pertes immenses qu'elle a subies durant les premières attaques, ils en font sortir un million neuf cent mille cercueils par l'effet de la peste, ou par celui du second siége ; et ensuite ils lui donnent encore un million quatre cent mille habitans que le général mongol voudrait mettre à mort, mais à la vie desquels Ogotaï défend d'attenter, d'après les représentations réitérées de Yeliu-tchoutsaï. Heureux le ministre à qui la fortune a offert quelqu'une de ces grandes occasions, et qui n'a point passé en vain sur la scène politique! Les Chinois disent encore qu'en 1236 plus d'un million des leurs furent égorgés par les Mongols dans la seule ville de Tching-tou. Il est difficile de croire à peu près exactes de telles supputations; mais heureusement les leçons de l'histoire n'en dépendent pas: il faut se souvenir seulement qu'après avoir eu connaissance des livres des lettrés, les Mongols ont mérité moins de haine.

Dans leur aveuglement, les officiers de Li-tsong continuent à montrer autant de zèle que les Mongols même, pour abattre la seule barrière placée entre l'empire et le plus redoutable ennemi qu'il ait eu jusqu'alors. C'est ce que cherche à faire entendre à Li-tsong un député du roi des Kin; mais on a tout promis aux Mongols, et Ninkiassou, assiégé dans Tsaï-tcheou par des Chinois, abdique en faveur de Tchinglin, qui doit s'échapper de la ville. Ninkiassou ne veut pas que les ennemis aient en leurs mains le chef de sa nation. Il se donne la mort au moment où la ville est prise ; mais Tchinglin ne s'évade pas, il périt dans le tumulte. Ainsi finit cette famille après cent dix-huit années : l'empire des Song se trouve en présence des Mongols.

Ils ne livrent qu'une partie du Ho-nan, et l'empereur se décide alors à combattre ; mais bientôt il demande la paix, qu'il n'obtient pas. Le puissant Ogotaï rassemble contre l'empire trois armées, dont la principale ne compte pas moins de six cent mille hommes. Au même moment il envoie des troupes vers l'occident, et il en trouve encore pour faire attaquer la Corée. Les Chinois remportent des avantages capables de diminuer la terreur qu'inspire le nom d'un tel ennemi ; mais quelques officiers mécontens lui livrent Siang-yang, place importante, remplie de munitions de guerre et de bouche, et une victoire lui ouvre aussi le Ssé-tchuen. Cependant les Mongols parais-sent songer à la paix, et on n'y re-nonce qu'en éprouvant la difficulté d'en stipuler les conditions dans cet état de

choses. Il paraît changer dès l'année
suivante ; l'usage immodéré du vin
ayant abrégé les jours du grand khan,
les Mongols font de nouvelles propositions, mais la conduite d'un officier
chinois les irrite, et leur inspire contre
les Song une haine implacable, dont
pourtant la faiblesse du gouvernement,
sous la régence qui suit la mort d'Ogotaï, suspend d'abord les effets. La
guerre continue, mais avec peu d'é-
nergie, et Li-tsong ne sait ou ne peut
profiter de cette circonstance que pour
faire quelques réformes dans les troupes,
et pour ravitailler des places fortes : il
est vrai qu'il a perdu Meng-kong, dont
les talens égalaient la fidélité, le zèle et
le désintéressement.

A peine Mengko est-il proclamé khan
des Mongols, qu'il nomme son frère
Houpilaï généralissime pour l'Orient,
lui confiant ainsi toutes les troupes qui
doivent agir contre la Chine et contre
la Corée. Houpilaï administre avec tant
de sagesse les provinces déjà détachées
de l'empire, qu'il parvient à s'y concilier l'affection des habitans.

Mengko-khan, dont les sujets pratiquent le culte de Fô, tolère les autres croyances, et voudrait même persuader alternativement aux partisans des diverses sectes qu'il a pour chacune d'elles une préférence secrète. Ayant conçu de l'estime pour un ho-chang appelé Namo, il l'établit chef de ces prêtres; mais, malgré son renoncement au monde, dès que cet homme se voit un peu d'autorité, il s'occupe beaucoup plus des affaires de l'état que de celles de sa religion (1).

Des conspirations, qui donnent de l'inquiétude aux Mongols, retardent

———————

(1) On doit observer que les bonzes dont il s'agit ici pouvaient n'être pas des moines occidentaux. On voit dans Rubruquis à quel point des rapports artificieux ont abusé, sur le nombre des prosélytes chrétiens dans la haute Asie, notre Louis IX, afin de l'entraîner à envahir l'Egypte sans aucun avantage pour la France. Le capucin Rubruquis disputa contre les nestoriens et contre d'autres sectaires dans les états de Mengko; ensuite le khan renvoya le capucin, en écrivant qu'il n'était pas enjoint aux chrétiens, dans leurs livres sacrés, de se décrier mutuellement.

toute entreprise sérieuse contre l'empire ; mais les provinces qui lui restent se trouvent resserrées par les succès d'Houpilaï du côté du couchant, et par des défections, qui décident le vainqueur à laisser encore s'affaiblir de lui-même un état si mal gouverné. Pendant ce temps, et en suivant les avis d'Yao-tchou, son confident, Houpilaï obtint une popularité dont on eut soin de parler à Mengko, son frère, comme d'un indice de quelque projet de rébellion ; mais ensuite Houpilaï regagna toute sa confiance. Un autre général mongol pénétra jusque dans le Tong-king, où il massacra les habitans de la capitale. Enfin Mengko, résolu de commander en personne l'armée peu nombreuse, mais choisie, qui devait agir contre les Song, entra dans le Ssé-tchuen en 1258. Quoique cette province fût bien défendue, les Mongols l'auraient soumise alors tout entière, si l'intempérie de la saison n'eût pas causé des maladies dans leur armée, durant un siége que prolongea la belle résistance des Chinois, et où Mengko perdit la vie.

Cette circonstance ne fut pas favorable à l'empire comme on eût pu le croire. Houpilaï revenait avec des renforts ; averti de rétrograder vers la Tatarie pour y être proclamé grand khan, il ne voulut pas quitter le sol de la Chine sans s'y être montré avec éclat. Tong-ouen-ping, un de ses meilleurs capitaines, offrit de traverser le Kiang, regardé par les Song comme une sûre barrière ; il le franchit, et il culbuta l'avant-garde des Chinois, qui, n'ayant pas assez de temps pour être soutenus par leur flotte, laissèrent le passage libre à l'armée d'Houpilaï. Plusieurs places se rendirent ; Li-tsong fut d'autant plus alarmé, que ses ministres avaient d'abord gardé le silence sur cette invasion formidable.

Houpilaï sentait la nécessité de se rendre à Yen-tou (Pe-king) ou à Kaï-ping-fou, de peur que l'empire des Mongols ne lui échappât ; il accorda ainsi la paix à celui des Song, mais les conditions en furent accablantes. La Chine ne conserva que ce qui est au sud du Kiang ; ce débris même ne resta pas indépendant : il releva des Mongols et paya le tribut. Cependant l'empereur éut la simplicité de faire rendre de grands honneurs à Kia-ssé-tao, sans s'informer de la manière dont il avait conclu cette trève, présage de nouveaux revers. Houpilaï, devenu l'héritier de Tchinghiz, voulait, du moins pour un temps, donner tous ses soins à l'administration intérieure, et désirait confirmer la paix accordée aux Song; mais Kia-ssé-tao, craignant que l'empereur ne sût à quelles conditions il l'avait signée, fit arrêter l'envoyé mongol, quoique ses instructions fussent amicales et franches. Pendant ce temps, à la sollicitation de Kao-tchi-yao, lettré du premier ordre, Houpilaï donnait la liberté à beaucoup d'autres lettrés faits esclaves par une suite de la guerre. La modération de ce prince eût retardé la ruine des Song, si l'empereur n'avait pas accordé une confiance aveugle à son ministre, dont l'inaptitude et même la perfidie ne furent pas moins funestes à la Chine que l'ardeur belliqueuse des Tatars. Une proclamation d'Houpilaï

reprochait aux Chinois les inconsé-
quences de cette conduite, peu conforme, disait-il, à une sage politique
et aux principes dont ils se glorifiaient.
Leurs procédés, continuait-il, sont
comme les ombres qui, dans un tableau
brillant, ne paraissent que plus sensibles. « Commandans de mes troupes,
préparez vos arcs, engraissez vos chevaux, l'automne prochaine nous irons
punir les Chinois. » Et il ajoutait, ce
qui pour un Tatar n'était pas manquer
d'usage : « La droiture de mes intentions, la justice de notre cause, nous
assurent la victoire. »

Cependant les effets de cette menace
sont différés; l'empereur ne les voit
pas, il meurt vers la fin de 1264, après
avoir déclaré prince héritier son frère
aîné, qui lui succède sous le nom de
Tou-tsong. Houpilaï réprime un soulèvement des Coréens, et il porte ses
regards sur le Japon. Quant à la Chine
méridionale, le grand khan se bornait
pour le moment à en recevoir un tribut, et à la mettre au nombre de cette
infinité de pays que, selon ses expres-

sions, la vertu de ses ancêtres avait remplis de crainte et de respect. Le Japon seul était resté libre; en 1266, Houpilaï, projetant de réprimer cette audace, écrivit dans le style d'un empereur de la Chine, d'un prince qui prend le titre de chef des dix mille royaumes. « Ignorez-vous, disait-il au roi de ces îles, mon élévation à l'empire ? Je n'ai point reçu vos hommages...... l'univers ne compose qu'une famille, malheur à ceux qui nous forcent à combattre ! » Le roi des Coréens reçoit l'ordre de préparer des troupes pour un débarquement sur les côtes du Japon ; mais l'envoyé du khan n'y débarque pas lui-même. Les autres préparatifs se font avec lenteur ; enfin cette expédition est remise à d'autres temps, et la guerre contre les Chinois reprend toute son importance dans l'esprit d'Houpilaï. Ce n'est qu'en 1281, ou, selon les Japonais, en 1283, que cent mille hommes sont envoyés contre eux; mais cette flotte est battue; les chefs reviennent, et les soldats, abandonnés dans une île, sont massacrés ou faits esclaves par les Japonais. Alors ces insulaires déclarent que le ciel les aime, et qu'il déteste les Tatars. Heureux, s'ils étaient bien gouvernés, les pays que l'Océan protége ! Souvent ils ont de mauvaises institutions; mais il est presque impossible que les autres peuples en aient de bonnes, ou qu'ils les maintiennent : leurs voisins, bien armés, les observent avec une sollicitude trop tendre et trop active. Houpilaï pensa encore plusieurs fois à cette conquête hasardeuse; il n'écouta qu'en 1286 les remontrances qu'on lui faisait à cet égard.

Excité par Lieou-tching, déserteur de la cause des Song, Houpilaï fait assiéger Siang-yang, place importante par sa force et par sa position. Kia-ssé-tao conserve sous le nouvel empereur l'autorité dont il abusait déjà du temps de Li-tsong; il n'envoie au secours de Siang-yang que des hommes incapables de soutenir le choc des Mongols en pleine campagne ; mais la place, bien défendue, ne se rend qu'après cinq années. L'incapacité du ministre est manifeste, elle frappe tous les yeux ; il ne lui reste d'autres moyens qu'un sur-croît d'audace pour subjuguer Tou-tsong, prince adonné aux femmes et au vin : Kia-ssé-tao réussit, la perte de la dynastie est certaine. Houpilaï se laissait aussi captiver par un ministre qui devint de plus en plus odieux ; mais du moins le khan s'aperçut enfin de sa faiblesse ; d'ailleurs on voyait dans Ahama plus de talens encore et plus d'adresse que d'arrogance. C'était un homme né pour les affaires ; mais le ministre de l'empereur ne connaissait que l'intrigue. Il parvint à élever sur le trône le second fils de Tou-tsong, au préjudice de l'aîné ; il voulait un enfant et une régente, afin de retenir une grande partie du pouvoir. Ce faible gouvernement se trouve à peine établi, qu'un nouveau manifeste des Mongols reproche aux ministres chinois et leur peu de sincérité à l'égard d'une paix dont les Mongols aussi ne veulent que l'apparence, et l'infraction des traités, ou l'insulte faite aux négociateurs.

Deux cent mille hommes s'avancent

sous les ordres de Polohoan et de Pé-
yen, en 1274; après divers succès,
toute cette armée passe le Kiang, et
des défections parmi les officiers chinois hâtent sa marche. Forcé, par la
rumeur publique, d'aller du moins
montrer aux troupes sa nullité, Kia-
ssé-tao partage la honte d'une défaite,
où il ne combat pas, et qui achève de
tout désunir. Il voudrait que l'empereur, accompagné des grands, s'em-
barquât et allât se réfugier aux extrémités de l'empire; mais, selon l'impératrice régente, ce serait avouer trop
clairement une détresse que cela seul
rendrait irrémédiable. Cependant Pé-
yen s'approche de Nan-king. Cette
ville a un gouverneur fidèle, dont les
avis auraient différé cette grande catastrophe s'il avait pu se faire entendre.
Voyant que tout est désespéré, il se
donne la mort, en disant qu'il ne veut
point passer sous une domination étrangère. Nan-king ne fait plus de résistance. On trouve parmi les papiers du
brave Ouang-li-sin la copie d'une lettre
dans laquelle il proposait au gouver-

nement trois moyens d'arrêter, sans retour peut-être, les progrès des Mongols; on la porte à Pé-yen, en lui demandant son autorisation pour faire main basse sur la famille de ce mandarin trop dévoué à sa patrie. Le général lit et relit ces projets. « Est-il possible, s'écrie-t-il, que les Song, ayant un homme capable de si sages conseils, ne nous aient pas empêchés de pénétrer jusqu'ici ! » Les biens du mandarin ne sont point confisqués, et sa famille est reçue par Pé-yen avec les plus grands égards. Pendant l'été la lutte continue; Pé-yen désire ne pas laisser aux Chinois le temps de revenir de la terreur qu'il leur a inspirée. Au contraire, Houpilaï voudrait ménager ses troupes durant une saison si pénible au-delà du Kiang. Cependant il écrit à son général qu'il s'en remet à sa prudence; il veut ensuite le rappeler, dans le dessein de l'opposer à des séditieux qui lui donnent de l'inquiétude vers le nord, mais enfin il se décide à laisser Pé-yen achever contre les Song une guerre dont il connaît le théâtre et les ressources.

La cour était alors à Hang-tcheou :
c'est contre cette ville que Pé-yen se
dirigea ; quatre autres corps d'armée
envahirent la plupart des provinces, et
l'impératrice régente demanda la paix,
qu'on ne pouvait plus obtenir. Tandis
que plusieurs commandans faisaient de
généreux efforts pour prolonger la résistance des places et pour multiplier
du moins les chances de la guerre,
d'autres villes ouvraient leurs portes.
Il n'en fut pas ainsi à Tan-tcheou : lorsque les Mongols y entrèrent, il n'y eut
point de sang à verser. Le gouverneur
avait exigé d'un de ses domestiques de
le frapper lui-même et d'immoler toute
sa famille. Livrant ensuite aux flammes
sa propre maison, ce fidèle serviteur
s'était poignardé, après avoir tué sa
femme et ses enfans. Les officiers, les
habitans, les soldats, avaient partagé
cet enthousiasme d'une situation déses-
pérée ; leurs corps remplissaient les
puits ; ceux qui avaient eu recours au
poison étaient couchés dans les rues :
la ville restait silencieuse. Pé-yen était
près de Hang-tcheou. La régente lui fit

remettre le sceau impérial, et elle fut forcée d'expédier un ordre pour la soumission des districts que les ennemis n'occupaient pas encore ; presque tous les grands le souscrivirent.

De semblables circonstances, en imprimant aux caractères les plus opposés l'énergie dont ils sont susceptibles, fournissent, au milieu des traces de perfidie et de bassesse, des exemples plus remarquables encore de constance ou de loyauté. Ceux-ci frappent l'imagination, tandis que le dégoût peut ensevelir les autres dans l'oubli ; c'est ainsi peut-être qu'une partie de l'histoire, parcourue au sortir de l'enfance avec plus de surprise que de discernement, paraît abonder en traits sublimes, dont on croira moins capables les peuples qu'on étudiera plus tard. Cependant les hommes fortement émus doivent se ressembler dans toutes les régions ; les preuves de fermeté, les marques d'un dévouement héroïque, ne sont pas plus communes dans les annales de Rome ou chez les Gaulois et

les Ibères que dans cet empire oriental,
dont les mémoires, qui n'ont rien de
romanesque, n'éveillent quelquefois le
doute que sur la force des armées ou la
population des villes, et sur la durée de
quelques règnes des premiers siècles.

Pé-yen refusa de voir l'impératrice à
Hang-tcheou, protestant qu'il ignorait
le cérémonial convenable; mais, devant un autre chef des Mongols, elle
fit, ainsi que le jeune Kong-tsong, âgé
de sept ans, les salutations exigées au
nom d'Houpilaï-khan; et ils partirent
pour la cour de ce prince, auprès duquel Pé-yen reçut l'ordre de se rendre.
Vers la fin de 1288, Kong-tsong fut
envoyé au grand monastère de Poutala
dans le Tubet, pour y apprendre la doctrine de Fô : sa docilité, à cet égard,
le déshonora aux yeux de beaucoup de
Chinois. Plusieurs braves se sacrifièrent
en vain pour arracher des mains des
Mongols la famille impériale. Houpilaï
la traita avec bonté ; mais il se fit apporter toutes les richesses qui avaient été
réunies à Hang-tcheou.

Du fond de leurs asiles les partisans de la famille des Song donnent à un frère du jeune monarque emmené par les Mongols le titre de gouverneur général de l'empire, et ensuite, voyant que sa présence dans les cantons méridionaux fait beaucoup d'impression, ils le proclament empereur. La guerre se ranime, et plusieurs Chinois la font avec une persévérance digne des plus grands éloges ; mais il n'en résulte que des malheurs nouveaux : il n'aurait fallu, dans le principe, qu'un peu de vigueur pour les prévenir, et maintenant nul effort ne peut les réparer. On l'espère pourtant, surtout lorsqu'un soulèvement vers le nord exige que le vainqueur rappelle ses troupes, en ne laissant au-delà du Kiang que de simples garnisons. Beaucoup de villes sont reprises ; mais Houpilaï ne tarde pas à envoyer une armée nouvelle, et tout est forcé de plier. Toan-tsong, qui a fui sur mer, périt dans une île ; on proclame, sous le nom de Ti-ping, un autre fils de Tou-tsong.

On était près de Koang-tcheou (Canton) (1). La flotte fut attaquée avec tant d'ardeur par celle des Mongols, sur lesquels on venait pourtant de remporter un avantage, que plusieurs grands se précipitèrent dans la mer; un d'entre eux tenait embrassé le jeune monarque, sur lequel on trouva le sceau de l'empire. On veut que ce dernier désastre des Song et de leurs partisans les plus fidèles ait coûté la vie à cent mille hommes. De ce jour, la famille des Yuen, successeurs de Tchinghiz, fut dans la Chine la dynastie impériale.

---

(1) Si on avait écrit Tartare, Canton, Confucius, il aurait fallu altérer également beaucoup d'autres mots; il a paru plus naturel de se rapprocher, autant qu'on le pouvait ici, de la prononciation de l'Asie orientale.

QUATRIÈME PARTIE.

LES DERNIERS TEMPS DE LA CHINE.

1°. LES YUEN, FAMILLE MONGOLE.

(*Vingtième dynastie.*)

LES Mongols (1), anciens Tatars noirs, appelés ensuite Mong-kou par les Chinois, occupèrent anciennement le pays qui est entre le Songari, le Non et le Hé-long-kiang (2), du 46ᵉ au 49ᵉ degré de latitude. Il fallut au premier ancêtre de ces conquérans une naissance miraculeuse. La mère de Poudantchar vit en songe un génie resplendissant de lumière; elle en parut d'abord

---

(1) Ce qu'on sait de plus probable sur leur origine paraît dû aux recherches de M. Rémusat.

(2) L'Amur, ou le Sahalien-oula, le fleuve du Dragon-Noir.

effrayée ; mais elle se trouva enceinte. Poudantchar fut béni, surtout dans sa postérité, dès le douzième siècle. Yesoukaï sut affranchir sa horde du joug des Kin ; ayant fait prisonnier un chef des Tatars blancs, nommé Temoudjin, il donna ce nom à son propre fils, dans la main duquel on aperçut à l'instant de sa naissance un morceau de sang caillé : c'est avec cette dignité que s'annonçait le vainqueur des deux tiers de l'Asie. Temoudjin fut d'abord un guerrier dur et impitoyable ; mais il eut occasion de consulter un sage qui lui apprit à se concilier les peuples, à mériter les faveurs du Tien. Le conquérant l'écouta avec attention, et s'il fut aussi ambitieux depuis cette époque, du moins il montra plus d'humanité. Les vérités morales ne sont pas un joug importun pour une grande âme, lors même que leur empire sur elle est affaibli par des passions trop actives et par de funestes habitudes. Cependant il ne fut donné qu'à Ogotaï, successeur de Temoudjin, d'adoucir sensiblement ce qu'il y avait eu de trop farouche dans le caractère des Mongols, et de trop emporté dans leur courage.

C'est en 1206 que Temoudjin reçut des grands, à l'unanimité, le titre de Tchinghiz-khan ou de Khagan. Après vingt-deux années de conquêtes, en 1227, il mourut âgé de soixante-six ans : on l'appela Taï-tsou, le grand aïeul. Choisi par lui-même, Ogotaï lui succéda; ses autres fils se nommaient Tchahotaï et Toleï. Le quatrième, Tchoutchi, était mort; mais Batou, son fils, régna vers la mer Caspienne, et porta ses armes jusque dans la Hongrie.

Ogotaï achève d'affermir la puissance que lui a laissée son père, en adoptant les principes de Tcheou-kong et la doctrine de Kong-tsé. Ce khan a pour ministre un homme juste du sang royal des Léao, Yeliu-tchoutsaï, dont les conseils ont déjà été goûtés par Tchinghiz, et qui, en faisant construire des colléges chez les Mongols, vers l'an 1236, leur inspire le désir de connaître la doctrine des lettrés. Beaucoup de Chinois réduits en esclavage doivent l'adoucissement de leur sort à ce grand homme, qui, voyant le désordre de l'administration après la mort d'Ogotaï, meurt de chagrin à l'âge de cinquante-cinq ans. Le fils de Tchinghiz avait désigné pour son successeur Chélimen; cependant Meng-ko fut préféré. La puissance des Mongols s'accrut encore; en 1258, Meng-ko apprit que son frère Houlagou-han avait soumis dix royaumes. Ce conquérant avait pénétré jusqu'à la Méditerranée. Il avait songé à s'emparer de Constantinople; mais, tournant vers Bagdad, il avait vaincu le khalif, qu'il envoyait prisonnier à Meng-ko: Houlagou conserva le gouvernement de l'Occident. Meng-ko-khan avait des qualités qui rappelaient aux Mongols Tchinghiz et Ogotaï; mais il s'entourait de devins, et il les consultait sur ses entreprises : c'est sans doute cette inépuisable crédulité qui fit dire qu'un évêque d'Asie l'ayant baptisé, ce khan voulait donner Jérusalem aux Arméniens, afin de les protéger contre les moh'ammédans.

Après la mort de Meng-ko, Houpi-

laï ou Koublaï fut proclamé grand khan
à Kaï-ping-fou. Un de ses compétiteurs
prit le même titre dans Holin; mais il
ne put se maintenir long-temps. Houpilaï s'attachait volontiers les hommes
auxquels il croyait du mérite (1), et il
consolida sous des formes plus régu-
lières les bonnes institutions adoptées
par son prédécesseur. C'est au commencement de ce règne que les Mongols abandonnèrent les caractères chinois pour en adopter qui fussent
particuliers à leur langue, et convenables à son génie, selon l'intention du
khan. Toutefois il ordonna aux lamas
des prières publiques, soit par une simple condescendance pour le peuple
avide de leurs bénédictions, soit par
une faiblesse naissante, et dont les
progrès ne devinrent que trop sensibles
lorsqu'il crut aux recettes de ces prêtres

____

(1) Houpilaï paraît avoir aimé Marc Paole,
le premier Européen qui ait fourni des ren-
seignemens étendus sur les Chinois, que l'on
connaissait sous le nom de Sères du temps
de Pline et d'Eusèbe.

pour composer un breuvage d'immortalité. Voyant sa puissance établie du Bosphore jusqu'aux mers du Japon, et des extrémités de l'An-nan aux plaines de l'Irtyche, le grand khan donna le nom glorieux de Taï-yuen à sa dynastie, non par orgueil, disait-il, mais pour reconnaître que la protection du ciel lui imposait l'obligation d'encourager la vertu des peuples, et de prendre pour règle l'équité. Malgré cette surprenante prospérité des Mongols, ils renoncèrent à soumetre le Ghilan, pays qui tirait sa force de ce que les chefs s'y trouvaient d'accord, et de ce que l'esclavage y était aboli.

Moins heureux, moins uni, le céleste empire n'a pu éviter la domination des Mongols; nous verrons aussi des Mandchous sur le trône, et cependant la Chine subsistera : les lumières de ses sages y auront part. Les lettrés modernes attribuent la grandeur de leur nation à ce que tout professeur chinois apprend à ses élèves que la vraie gloire est dans l'ascendant de la raison. Ils ajoutent que cette méthode procure à l'empire une durée à laquelle ne peuvent prétendre les états de l'Europe, si un Kong-tsé ne vient y éclairer les esprits des gouvernans et des peuples. Mais ce n'est pas assez, il faut une situation favorable. Il était difficile que la Chine succombât entièrement, si les Tatars ne faisaient pas une grande alliance contre sa prospérité; elle offrait une masse de civilisation imposante, et elle ne pouvait devenir une province du désert de Cha-mo. Quant aux Kong-tsé, l'Europe n'en manquerait point: les peuples y seront justes, aussi imparfaitement sans doute, mais du moins aussi volontiers que dans la Chine, quand on le leur permettra, quand on n'excitera plus leurs passions, et quand on cessera de les avilir. L'avantage du Kong-tsé de l'Orient consiste à être venu assez tôt pour que l'imagination fût frappée de sa sagesse; cette impression une fois reçue s'est perpétuée de siècle en siècle dans l'An-nan comme dans la Chine, chez les Mandchous, chez les Coréens, chez les Japonais, et dès lors il a eu le bonheur le plus grand qui soit promis à des mortels, celui de devenir pour sa patrie, pour plusieurs peuples, un génie tutélaire.

La soumission de la Chine à la dynastie des Yuen paraissant assurée, Houpilaï-khan, sous le nom de Chi-tsou, après avoir mis en liberté trente mille prisonniers des provinces méridionales, et avoir fait de Yen-king sa capitale, se rendit dès le commencement du printemps à Chang-tong, dans la Tatarie. C'était le lieu de sa résidence en été : la chaleur y était moins grande, et la chasse plus facile. Les Song restaient abattus, sans que la Chine fût entièrement pacifiée. Quelques chefs espéraient encore se rendre indépendans au fond des provinces, en arborant les drapeaux des Song ; mais on les réduisit sans beaucoup de peine. Plus tard l'oppression excita des soulèvemens sérieux dans le Fo-kien, et dans quelques autres parties de la Chine : pour y remédier plus sûrement on eut recours à l'indulgence. Moins par attachement pour la doctrine de Kong-tsé

que par une suite de ses préventions
en faveur de la secte de Fô, Chi-tsou
ordonna, en 1281, de brûler les livres
des partisans de Lao-tsé dans toute l'é-
tendue de ses états. Sept ans après, il
se laissa persuader de convertir en
temples les anciens palais des Song ;
cela diminua l'estime que pouvaient lui
porter beaucoup de Chinois, surtout
lorsqu'on le vit pardonner entièrement
à un lama convaincu des bassesses les
moins excusables. Néanmoins on savait gré à Chi-tsou d'avoir désigné pour
son successeur son fils Tchin-kin, dont
les mœurs et les principes donnaient de
grandes espérances; ce prince étudiait
les livres des lettrés, et il faisait très-peu
de cas de ceux des lamas. Quelques
percepteurs des douanes ayant versé
dans le trésor deux millions au-delà des
sommes dues par leur province, Tchin-
kin, chargé de recevoir ces comptes,
renvoya l'argent, et ordonna de le distribuer aux pauvres du pays : « L'empereur, dit-il, veut que vous procuriez
la paix aux peuples ; s'ils sont contens que nous manquera-t-il? Mais, si

on les indispose et qu'ils se révoltent, que nous serviront leurs trésors ? »

L'empereur médite toujours la conquête du Japon, et bien qu'on cherche encore à l'en dissuader, il n'est arrêté que par un soulèvement dans la Tatarie orientale. Il s'y rend en 1287 ; un coup de canon effraie les troupes des rebelles, leur commandant est pris, et l'empereur revient à Chang-tong. Cependant cette sédition, qui s'étend plus loin, exige sa présence deux ans après, et ensuite Pé-yen, le meilleur capitaine des Mongols, en suspend les effets sans parvenir à la terminer. Une expédition dans l'An-nan est moins heureuse encore. Les ennemis sont d'abord accablés et dispersés ; mais, l'ardeur du climat affaiblissant l'armée impériale, ils reviennent, lui ferment la retraite, et la détruisent en grande partie. Néanmoins le vainqueur, peu rassuré pour l'avenir, fait offrir à Chi-tsou une statue d'or ; on la reçoit comme un tribut, et on cesse les hostilités.

Dès que l'empire est délivré du ministre Ahama, Sangko le remplace ; il

abuse durant quatre années de la confiance d'un prince qui éprouve le besoin d'être trompé dans ses nombreux
états. A l'exception du pays des Arabes
et d'une grande partie des Indes, Chi-
tsou règne sur l'Asie presque entière;
ce ne sont plus les limites des conquêtes
de Rome ou des Macédoniens, c'est la
plus vaste domination que l'histoire
connaisse. Mais le khan jouissait moins
de la prédilection de la fortune, qu'il
ne souffrait de ne pas recevoir les hommages d'une île : les mers polaires et
l'océan des Brahmes, les promontoires
d'Anadir auprès de l'Amérique, et les
monts que baignent ici le Danube, res-
serraient dans des bornes trop étroites
ce Tatar et ses vassaux. Comme les
autres conquérans, il ne voyait pas l'é-
cueil inévitable d'une grandeur cher-
chée hors de nous; tandis qu'il se char-
geait de trente peuples, sous diverses
latitudes, il ne savait pas gouverner la
Chine; quoiqu'il eût de grandes qualités, il la laissait en proie à l'avidité
des subalternes : des milliers de familles,
auxquelles sa protection était due, er-

raient sans asile dans les bois, ou renonçaient à une vie opprimée trop insolemment, et il osait l'ignorer.

En vain Chi-tsou avait promis aux Chinois qu'ils paieraient désormais de moins fortes impositions; la conquête achevée, elles furent plus pesantes qu'auparavant. L'empereur manquait de vigilance, et ses ministres avaient celle que donne la cupidité; cependant, après le tardif châtiment de Sangko, il défendit d'exiger les frais de régie, qui étaient devenus considérables. Si d'ailleurs il remplissait mal ses engagemens, on en donnait une raison qui ne permettait aucune réplique; les membres de la famille impériale se multipliaient de la manière la plus heureuse, ne fallait-il pas entretenir tous ces princes avec une splendeur conforme à leur rang? On fit néanmoins quelques réformes dans la perception des impôts, et on adoucit la rigueur des anciennes lois criminelles; mais le code général des Mongols ne fut publié qu'en 1323.

Chi-tsou conservait, dans un âge avancé, des intentions droites; il sut réprimer ses passions, il aima ses devoirs, et plusieurs fois il se montra indulgent envers les faibles. Malgré son penchant à la crédulité, il méritait peut-être de régir un état; mais gouverner l'Asie ! Quel homme peut travailler au bonheur d'une moitié du globe? Il porta du moins le fardeau avec une sorte d'éclat et de bonté, jusqu'à l'âge de quatre-vingts ans. S'il avait rétabli les censeurs qui devaient être spécialement chargés d'avertir les monarques, et qui reparurent sous ses successeurs, il n'eût pas été réduit à se plaindre d'avoir ignoré les abus. Cette noble mission inspire quelquefois une fermeté qui l'ennoblit encore : on voit, dans les annales de la Chine, plusieurs censeurs braver le ressentiment d'un ministre pervers, et se souvenir qu'on doit tout sacrifier quand il s'agit des véritables intérêts d'une partie de ses compatriotes.

Après la mort du célèbre Chi-tsou, au commencement de 1294, il y eut trois mois d'interrègne; son petit-fils, qu'il avait désigné pour son successeur, était occupé au loin. Lorsque tous les princes furent réunis, plusieurs d'entre eux élevèrent des prétentions ; en disposant du trône, on suivait encore un usage, une règle trop vague, qui excitait l'ambition sans favoriser la liberté. Les dernières volontés de Chi-tsou prévalurent par l'audace de Pé-yen, qui donna, heureusement cette fois, le dangereux exemple de les appuyer dans l'assemblée le sabre à la main. Sous le nom de Tching-tsong, Témour, un des monarques les plus respectables qu'ait eus la Chine, a régné près de treize ans. La plupart de ses successeurs ne firent que paraître ; l'empire en compta sept durant le quart d'un siècle ; mais Chun-ti, le dernier empereur mongol, conserva long-temps le pouvoir.

L'année même de l'élection de Tching-tsong, Pé-yen mourut ; c'était un étranger, un prisonnier de guerre, dont Houpilaï avait deviné le mérite. L'armée avait eu en lui une entière confiance, parce qu'en faisant manœuvrer devant l'ennemi deux cent mille hommes avec autant de facilité que de sang-froid, il ménageait pourtant le soldat, et il s'attachait même à réprimer dans l'occasion une ardeur inutile. Ainsi que le fondateur de la dynastie des Song, Pé-yen paraissait triste après une victoire sanglante. Ce général, né chez les Merkites, eut autant de modération et de fidélité que d'humanité et de génie militaire; il a été regretté par les Chinois même. Il contribua beaucoup à la prospérité des Mongols; mais un de ses descendans, homme fourbe, cruel et débauché, n'a pas eu moins de part à leur chute, quoiqu'il n'ait pas été long-temps à la tête des affaires.

Sincèrement occupé du bonheur public, Tching-tsong ne laissa pas aux divers membres de la famille impériale le privilége de se faire justice eux-mêmes dans leurs démêlés avec les grands d'un autre ordre. Les Tao-sse et les lamas cessèrent d'être exempts de contribuer aux charges de l'état. Cette dernière réforme parut d'autant plus importante, qu'indépendamment des domaines considérables que ces moines avaient su s'approprier, ils favorisaient des particuliers riches qui, par une feinte association, jouissaient des mêmes prérogatives. On fit un dénombrement de ces pauvres reclus, et on en sécularisa, dit-on, cinq cent mille dans le seul Kiang-nan.

Une guerre entreprise par l'empereur, uniquement pour qu'il y eût sous son règne de glorieux faits d'armes, exigea des efforts qu'on n'avait pas assez prévus; des enrôlemens successifs occasionèrent des révoltes dans les provinces du sud-ouest. En 1305, ce prince immola au Chang-ti un cheval, deux bœufs noirs, neuf cerfs et d'autres victimes. C'était le commencement d'une des époques les plus désastreuses par l'intempérie des saisons. En 1306 et 1308, la sécheresse ou l'abondance des pluies, la grêle et les sauterelles, désolèrent plusieurs provinces; des tempêtes, des tremblemens de terre, des vents pestilentiels, firent aussi périr un grand nombre d'hommes, et en 1310 une inondation renversa près de vingt-deux mille maisons. On souffrit encore beaucoup en 1313 de la sécheresse ou des épidémies, et il y eut des tremble-mens de terre en 1314. En 1318, 1324 et 1327, la paix au-dehors ainsi que la constante sollicitude du gouverne-ment, empêchèrent du moins que ces calamités ne causassent des révoltes non moins funestes. Ces fléaux se répétèrent durant les années suivantes ; et, comme alors l'empire était mal gouverné, l'affliction fut générale. En 1334, l'ex-trême irrégularité des pluies fit éprou-ver aux provinces méridionales des maux plus affreux que tout ce qu'on avait souffert jusqu'à ce jour ; la disette enfanta des maladies, et l'histoire des Mongols évalue le nombre des victimes à treize millions. En 1342, une autre famine réduit une partie du peuple à se nourrir de la chair des morts, et en 1352, il périt encore un million quatre cent mille hommes.

Ou-tsong, qui succéda en 1307 à Tching-tsong, n'était pas un mauvais prince ; mais les lamas le captivaient à un point qui leur assurait l'impunité. Un lettré remarque à ce sujet que la dynastie des Han orientaux a dû sa perte aux eunuques, et celle des Han d'occident aux parens des reines, mais que les lamas ont causé la ruine de la dynastie mongole.

Gin-tsong fit déposer, en 1312, dans le collége impérial de Ta-tou (Pé-king), des cylindres gravés durant le neuvième siècle, et dont, au moyen d'empreintes obtenues sur le marbre même, on a envoyé à Paris les inscriptions. Cet empereur, bienfaisant, doux, affable, était un homme éclairé ; il donna toute son attention aux progrès des sciences ; il rendit des honneurs solennels à Kong-tsé ; il joignit aux Tatars beaucoup de Chinois dans tous les postes de l'administration, et il s'efforça de préserver le peuple contre l'avidité des mandarins.

Un envoyé de Taï-tong dans les provinces occidentales, en 1326, impute des excès de tout genre à des lamas affranchis des précautions prises contre les autres étrangers. On lit dans son rapport qu'au lieu d'aller d'hôtelleries en hôtelleries, ces moines s'introduisent dans les maisons particulières. « Ils en chassent les maîtres, y est-il dit, pour jouir plus facilement des femmes. Dans le seul canton de Fong-yuen, on en a vu en quelques mois plus de huit cents, tous bien montés; non contens de leurs débauches, ils enlèvent au peuple le peu d'argent qu'il possède, et la tyrannie de ces gens-là est d'autant plus cruelle, qu'ils sont devenus indépendans des mandarins. » L'empereur, s'étant assuré que ce mémoire ne renferme aucune exagération, interdit aux lamas l'entrée de la Chine; mais, peu de temps après Ouen-tsong leur rend tout leur ascendant, et s'il montre aux lettrés quelque déférence, ce n'est que par politique.

Un fait de cette époque rappelle l'importance attachée à la fidélité de l'histoire, dans ce pays unique en cela. Le même Ouen-tsong, conférant avec les membres du tribunal des historiens, témoigne le désir de voir ce qu'ils ont écrit sur son règne. Quelques mandarins allaient lui obéir; mais un officier subalterne, Liu-ssé-tching, indigné de cette faiblesse, s'avance et représente à l'empereur, en se jetant à ses pieds, selon la coutume, que le tribunal ne peut sans crime s'écarter d'une impartialité scrupuleuse, qu'il doit inscrire toutes les actions des empereurs comme celles des grands, et que nul prince jusqu'alors n'a violé le dépôt des mémoires relatifs à son règne, ou même à sa dynastie. L'empereur n'insiste plus; et, loin d'être victime de son zèle, Liussé-tching reçoit des éloges.

Les épidémies et les disettes se multiplient sous le règne de Chun-ti; ce jeune prince y songe peu, la chasse et d'autres plaisirs font presque sa seule étude, et les remontrances des censeurs de l'empire ne sont pas écoutées. De grands troubles commencèrent alors : ils entraînèrent la chute des Mongols. Considérant que tous les chefs des rebelles étaient des Chinois, Chun-ti, au lieu de s'attacher à prévenir un mécontentement plus général, s'irrita, prit de fausses mesures, et contribua beaucoup à séparer promptement les deux peuples. On commença par enlever aux Chinois leurs chevaux; on leur défendit, sous peine de mort, d'en nourrir, ou de conserver des armes. C'était assez pour que toute la nation, au lieu de voir seulement avec peine que la famille régnante fût mongole, se considérât désormais comme opprimée par des étrangers, et avilie sous leur joug; mais, pour le briser, il fallut trente ans. Beaucoup de mécontens s'étaient déjà déclarés; des travaux très-dispendieux en augmentèrent le nombre. Pour mettre un terme aux débordemens de la rivière Jaune, on résolut de la faire rentrer dans son ancien lit au moyen d'une digue de vingt-huit lieues; on y employa soixante-dix mille ouvriers, et on leva des taxes nouvelles : cette entreprise, utile peut-être, devenait imprudente dans un temps de fermentation.

Il existait encore et des rejetons de la famille impériale des Song, et des ambitieux qui se vantaient de lui appartenir. Licou-fou-tong, un des chefs qui les soutiennent, dispose de plus de cent mille hommes, et le conseil s'aperçoit enfin du danger. On se bat avec des succès contraires; mais Chun-ti s'endort dans la mollesse de son palais, au milieu des courtisanes et des lamas, qui inventent une sorte de jeu composé surtout de danses lascives. Celui qui pour plaire à l'empereur a introduit ces moines accommodans est son premier ministre, et ne tarde pas à prétendre disposer du trône. L'empereur imagine des amusemens nouveaux, tandis que les rebelles du nord et du midi sont près de se donner la main pour l'expulser de ses états. Un pirate ravage les côtes du Tché-kiang et du Kiang-nan; et deux empereurs sont proclamés, l'un dans le Ho-nan, l'autre dans le Hou-koang.

Alors parut dans les rangs de ces séditieux, qui durent ensuite se regarder comme les libérateurs de la Chine, un homme que ses parens avaient placé chez les lamas, et qui, ne pouvant se faire aux mœurs de ces imposteurs, avait quitté l'habit de l'ordre pour l'habit militaire. Ayant saisi l'occasion de préserver du pillage une ville importante, il vit s'accroître le nombre de ses partisans, et il persista dans cette

conduite; il ne fit pas la guerre comme
un aventurier, mais plutôt comme un
bon prince, et dès lors on se dit de
proche en proche que sans doute le
Tien l'élevait pour le salut de l'empire : en 1356 Tchu-yuen-tchang entra
dans Nan-king. D'autres chefs de mécontens avaient des succès plus rapides;
mais le fondateur de la dynastie des
Ming s'avançait avec autant de circonspection que de valeur, et avec ce désintéressement qui n'est qu'un moyen
adroit, quand on aspire à quelque chose
de plus considérable.

On éprouve tous les maux des guerres
intestines. Pour prolonger la défense
de la ville de Sin-tcheou, les Mongols,
du moins au dire des Chinois, nourrissent les soldats avec les corps des
vieillards et de tous les gens inutiles.
Chun-ti, qui n'est pas même bien instruit de la plupart des intrigues de la
cour, ne peut balancer par le seul souvenir de la grandeur de ses ancêtres les
effets de la modération d'un général
qui s'attache les vaincus, et qu'on
n'abandonne jamais. Sûr du Midi, le

vainqueur songe à se rapprocher de la cour tatare ; dans cette campagne de 1368, la Chine presque entière lui est acquise. Lorsqu'il est à quatre lieues de la capitale, Chun-ti s'en éloigne ; bientôt le successeur du grand Houpilaï ne se croit pas même en sûreté à Chang-tong, derrière la grande muraille, et il s'enfonce dans la Tatarie, où il meurt en 1370, à l'âge de cinquante-deux ans. Sa famille subsiste encore ; ces Mongols sont maintenant les Kalkas.

2°. LES MING.

(*Vingt et unième dynastie.*)

Charles V, dit le Sage, régnait alors en France, et Duguesclin était en Espagne. Constantinople obéissait à Jean Paléologue. L'Asie-Mineure reconnaissait les Otmans. Amurat organisait les janissaires, tandis que la dynastie moh'ammedane de Bouïah gouvernait la Perse. Des princes mongols se maintenaient auprès de la mer d'Aral, et déjà était émir Timour-gourgan.

En visitant les tombeaux de sa famille dans le canton de Ssé-tcheou,
province de Kiang-nan, Tchu-yuen-
tchang, déjà si puissant, dit à ses officiers : « Lorsque j'entrai au service,
moi fils d'un pauvre laboureur, je n'avais
d'autre ambition que d'y remplir mon
devoir ; mais les militaires, non contens
de vivre aux dépens du peuple, ou
de lui arracher souvent sa subsistance, le maltraitaient et enlevaient
les femmes. Voyant qu'ils étaient
sourds à mes représentations, je me
retirai avec quelques braves à qui je fis
partager mes sentimens ; le Tien les
approuva sans doute, il m'a mis à votre
tête. On peut conduire les hommes
dont on s'est concilié le cœur ; mais il
paraît difficile de le gagner, et facile
de le perdre. Le Midi est à nous, il est
temps de nous porter vers le Nord : ne
nous croyons pas invincibles, mais
profitons de nos avantages ; espérons
que nous mettrons un terme à l'oppression du peuple, et que nous achève-
rons de pacifier l'empire : je ne redoute

que le Tien, et mon seul désir est que
le peuple ne souffre pas. » Tchang-yu-
tchun, capitaine intrépide, était d'avis
de marcher directement contre l'armée
des Yuen; mais le général, qui n'avait
encore pris que le titre de prince de
Ou, préféra un plan d'opérations plus
lent et plus sûr. Il tenait à épargner le
sang; il jugeait d'ailleurs que la sagesse
de son administration devenant un des
plus grands moyens de succès, et
chaque année l'élevant dans l'opinion,
il lui convenait de ne rien précipiter,
et que son plus grand triomphe devait
être de n'éprouver aucun revers considérable. Cependant ses progrès furent si rapides qu'il entra la même
année dans Pé-king, dont les portes
s'ouvrirent; les Mongols périssaient
moins encore par sa force que par leur
faiblesse. C'est dans leur palais que
Tchu-yuen-tchang fut proclamé; il prit
le nom impérial de Hong-vou.

Presque toutes les provinces étaient
soumises, à l'exception du Chan-si et
des frontières occidentales. Su-ta, envoyé de ce côté, n'employa qu'un dé-

tachement de cavalerie pour mettre en déroute une armée entière; il s'empara de quarante mille chevaux, et, de proche en proche, beaucoup de villes se soumirent. Dès que Hong-vou fut sur le trône, il sévit contre le luxe qu'il avait toujours blâmé chez ses prédécesseurs; il ne mettait pas sa gloire, disait-il, à rassembler des meubles riches et de rares bijoux, mais à être le chef d'un peuple satisfait. Il fit même détruire quelques monumens fastueux, après quoi il transféra sa cour à Kiang-king où Nan-king. Il en est à peu près de cette ville comme de Moscow; plusieurs Chinois persistent à ne reconnaître que Nan-king pour vraie capitale, et ils voient surtout d'un mauvais œil la ville tatare qui agrandit le chef-lieu du Pé-tche-li.

Des détachemens s'avancent vers le nord pour enlever l'ancien empereur Chun-ti; mais il vient de mourir, et tandis que plusieurs membres de sa famille sont conduits à la cour des Ming, le prince héritier, dont on n'a pu se saisir, reçoit à Holin le titre d'empe-

reur, Hong-vou, que vient d'affermir
encore une victoire très-sanglante, ne
peut guère le craindre; mais il lui
reste d'autres travaux à achever. En
1372, l'Yun-nan et le Ssé-tchuen ne
sont pas encore soumis. Après plusieurs combats on réduit le Ssé-tchuen,
et aussitôt l'empereur se prépare à envoyer une grande armée dans la Tatarie. Il faut aussi combattre les Tubétains; et, deux ans après, le Yun-nan
oppose cent mille hommes au général
Mou-yn, qui profite d'une victoire dé-
cisive pour entrer en pacificateur dans
la capitale de cette province. Hong-you
perd alors deux de ses meilleurs, généraux; mais les guerres finissent, et
même le roi de Corée consent à payer
le tribut. La paix générale, objet des
vœux de Hong-vou, lui permet un moment de faire jouir la Chine de tous les
avantages d'une administration tutélaire, que partage l'archipel de Lieou-
kieou, récemment admis au nombre
des dépendances de l'empire. Les Mongols arment vainement, ils éprouvent
beaucoup de défections. Les fils de

Tchinghiz sont affaiblis ; le titre de khan leur est encore réservé ; mais Timour-lenk (le Boiteux), qui semble rester leur lieutenant, a pris, en 1369, celui de saheb-keran (maître du monde). Il s'empare de Samarkand, il ravage Moscow, il rase Astrakan, et il projette d'envahir la Chine ; mais la fortune veut qu'il soit entraîné dans les Indes, où les Timurides formeront un second empire des Mongols.

Un général avait tramé une rébellion ; il nomma tant de complices que vingt mille personnes furent condamnées à la mort, et la subirent sous les yeux de l'estimable Hong-vou. Mais il régnait depuis plus de vingt ans, et la prospérité a quelque chose d'impétueux qui fatigue l'âme : de degrés en degrés peut-être le plus beau génie se refroidira, il négligera les maximes indulgentes de la vraie grandeur. Il faut pourtant reconnaître que, durant les trente années de son règne, Hong-vou persista dans les principes qui avaient fondé sa gloire. Doué d'un grand sens, et ayant vu de près la confrérie des lamas, il dut mépriser leurs artifices. Ce séjour même aura pu lui inspirer de bonne heure quelque sagesse; il y a dans le principe moral des institutions monastiques une sévérité qui, en jetant les faibles dans de vils désordres et dans l'hypocrisie, doit faire sur les hommes justes une impression toute contraire. Ainsi prémuni contre l'insouciance ou la dureté qu'entraîne quelquefois le métier des armes, l'acolyte du temple de Kio-sso a été généralement un bon prince. Le sort avait tiré d'une cuisine de moines ce fils du ciel : on a vu près de l'Occident des métamorphoses plus curieuses encore.

Ce monarque, qui avait pourtant des enfans, choisit pour successeur son petit-fils, sans songer aux troubles que cette préférence devait occasioner. Le prince de Yen arma contre son neveu, le prince héritier; il le déposséda, il joignait à l'ambition l'emportement et la cruauté. Yong-lo ou Tching-tsou établit sa résidence à Pé-king, nommé depuis cette époque Chun-tien-fou, mais en laissant à Nan-king le titre de cour impériale. Aussitôt il s'occupa de semer la division chez les Tatars, et chez quelques princes qui reconnaissaient encore les Mongols. A l'autre extrémité de l'empire, il donna l'investiture au roi de Ngan-nan, ou de Nan-yuei : ce pays avait été érigé en royaume par les Song, et un de ces rois avait pris le titre d'empereur de Yuei; mais les Mongols ne l'en avaient pas laissé jouir paisiblement. Le Kiao-tchi ou le Tong-king n'eut plus ensuite que des rois tributaires; ils ont prêté hommage particulièrement à Hong-vou et à son successeur. Tching-tsou, voulant assujétir tout-à-fait le Tong-king, y fait passer des troupes qui réduisent en province de l'empire cette contrée, longue de près de trois cent lieues, et où les Chinois prétendent qu'on trouve trente-quatre millions deux cent mille âmes; mais un pays si populeux et si éloigné du centre du gouvernement ne peut guère rester paisible sous des lois qu'il regarde comme étrangères. Il fallut souvent apaiser des révoltes dans le Tong-king, et vingt-un ans plus tard, c'est-à-dire en 1428, on lui rendit le titre de royaume. Peu de temps après cette expédition, la Chine reçut des envoyés de Malaka; il en vint de Pang-kja-la (ou du Bengale), en 1415, et Hong-vou en avait reçu de Timour-gourgañ.

Tching-tsou se décide, en 1410, à porter la guerre dans la Tatarie, où il veut commander en personne; il s'avance très-loin, rencontre peu d'ennemis, et rentre dans la Chine. Il s'était mis à la place de l'héritier du trône; son fils entreprend de le déposséder à son tour, mais il est arrêté. Plus tard Gin-tsong, qui se montre digne du rang suprême par son aptitude et par les intentions les plus pures, mais qui doit mourir au bout de quelques mois, fait construire dans Pé-king une maison pour les descendans de Kong-tsé. Yng-tsong règne plus long-temps. Il a le malheur de confier à un eunuque une armée de cinq cent mille hommes contre Yésien, tatar redoutable; dès le premier combat, qui est une déroute, on perd cent mille hommes, ainsi que deux cent mille chevaux ou mulets, et l'empereur est prisonnier.

Cette nouvelle arrivant à Pé-king devient le signal de la perte des autres eunuques. De temps à autre, au lieu de les livrer à la justice, on les massacrait ; le pouvoir suprême ne prenait aucune mesure contre un abus si facile à extirper. En 1462, un d'entre eux prétendit élever à l'empire son fils adoptif, et le complot éclata. En 1506, huit eunuques se concertèrent pour plonger dans la débauche le jeune Ou-tsang, afin de gouverner en son nom, et l'un de ces conjurés projeta d'élever sur le trône sa propre famille. Réprimés plusieurs fois ou châtiés, ces hommes-là reprenaient toujours un triste ascendant que leur position préparait, en en faisant une sorte de corporation toute particulière, et qu'ils ambitionnaient vivement à cause du mépris même auquel ils croyaient ne pouvoir se soustraire qu'en exerçant l'autorité. C'est à peu près ainsi qu'une autre classe d'hommes, après s'être voués à la retraite, à l'humilité, à la pauvreté, de-

venaient de ridicules intrigans dès qu'ils
s'écartaient de leur destination. En
1450, on saisit les biens de Ouang-
tchin, cet eunuque dont les trames et
l'incapacité venaient de faire tomber
l'empereur entre les mains des ennemis. Ses maisons, aussi magnifiques
que le palais impérial, recelaient dix
plats d'or bordés de pierres précieuses,
des monceaux d'argent, et plus de dix
mille chevaux. Lorsque soixante ans
plus tard on confisqua le produit des
rapines d'un autre eunuque, on trouva,
dit-on, cent quarante mille livres d'or,
seize millions de livres d'argent, deux
mesures de diamans, deux cuirasses
d'or, et plus de quatre mille ceintures
ornées de pierres précieuses.

Le tatar Yesien, ayant éprouvé des
défaites, relâcha Yng-tsong; le trône
était occupé par King-ti, son frère, qui,
voyant Yng-tsong y renoncer, l'invitait
à le reprendre. Ce prince n'y voulait
point consentir; il regardait, disait-il,
comme déshonorante pour l'état la
captivité dans laquelle il était tombé;
cependant il n'eut plus ces scrupules

sept ans après, et son frère en mourut de chagrin. La Chine n'éprouvait à cette époque que les vicissitudes que tous les siècles reproduisent. Il n'en était pas de même de plusieurs autres régions ; une grandeur encore sauvage avait triomphé dans Constantinople des restes avilis de l'ancienne grandeur de Rome ; et ensuite l'ère de la domination européenne avait commencé pour quelques rivages de l'Orient, ainsi que pour la vaste Amérique. Ces excursions, ces voyages offraient des notions nouvelles aux descendans des barbares, et commençaient à éclairer leur longue ignorance ; non-seulement ils devaient bientôt découvrir qu'on avait imaginé dans le monde une autre civilisation que celle des deux rivages de l'Adriatique, mais l'origine de tout ce qu'ils vénéraient allait se retrouver dans des sources inconnues d'eux jusqu'alors. La Chine n'a point partagé ce mouvement si remarquable de la fin du quinzième siècle, elle n'avait pas les mêmes besoins : avant qu'il y eût un Latium, une Crète, une Lutèce, la Chine avait possédé les principes de nos lois et de nos sciences, mais elle conserva les vices ou les abus que nous sommes encore tentés de respecter; et son histoire, si différente de la nôtre à quelques égards, est presque également celle des erreurs du gouvernement et de la détresse du peuple.

D'après un relevé fait dans tout l'empire, en 1502, le nombre des Chinois n'était que de cinquante-trois millions deux cent quatre-vingt mille. Sous la domination des Mandchous, en 1650, le tableau des impositions donnait près de cent six millions d'habitans. En 1743, les missionnaires en trouvent cent cinquante millions; dix-huit ans plus tard on en compte cent quatre-vingt-dix-huit; enfin les listes communiquées à lord Macartney en supposeraient trois cent trente pour l'empire entier (1).

____

(1) M. W........r, d'accord avec quelques missionnaires, accorde à la Chine proprement dite 200,000,000 d'habitans. Cette supposition, d'après laquelle d'ailleurs les hommes ne seraient pas aussi rapprochés dans ce vaste pays que dans la France, et le seraient seu-

Des révoltes troublèrent le règne d'Ou-tsong; mais un désordre plus grand encore fut celui que causèrent des troupes de brigands à cheval, dont les opérations bien concertées et l'intrépidité forcèrent les portes de la plu-

lement deux fois autant qu'en Espagne, cette supposition ne paraît pas exagérée, d'après la nature du sol dans la Chine, le genre de culture et les habitudes populaires. On ne s'éloignerait pas alors de 300,000,000, en comprenant les pays tributaires, tous ceux qui relevèrent de la Chine après les conquêtes de Kien-long.

L'auteur des *Recherches sur les Egyp-tiens, etc.*, a fait contre la grande population de la Chine des objections qui manquent souvent de justesse. Si, par exemple, on compte dix individus pour une famille, ou un feu, ce n'est pas une raison de croire que ces relevés aient été fabriqués par des Européens. Au contraire, les missionnaires eussent été exposés à suivre leurs idées d'Occident, comme cet auteur même, qui est aussi ingénieux qu'instruit, mais dont le ton paraît un peu tranchant : ils auraient peut-être oublié que dans cet empire infidèle il y a, en proportion des hommes libres, presque autant d'esclaves qu'on en a compté dans part des villes de quatre grandes provinces. Ils repoussèrent des troupes envoyées contre eux; et même, en les attaquant avec trop de confiance, un capitaine estimé ne perdit pas moins de vingt-mille hommes. Le vainqueur osa piller les faubourgs de la capitale; mais

les plus heureuses colonies des chrétiens, quinze et dix-sept siècles après ce qu'on appelle l'abolition de l'esclavage par la loi de charité.

Des notices, dont la publication a été autorisée dans la Chine, ne lui donnent guère plus de 143,000,000 d'habitans, d'après le recensement de 1790. Mais, en 1762, on en avait trouvé 55 millions de plus, selon le tableau communiqué par le tribunal des fermes au missionnaire Allerstain, président de celui des mathématiques. Peut-être, en 1790, a-t-on négligé de compter les esclaves, ou a-t-on pris quelque autre moyen de laisser ignorer aux Chinois à quel point leur nombre l'emportait sur celui des Tatars, qui les tiennent encore sous leur dépendance.

Des missionnaires avaient supposé que Péking contenait sept, et jusqu'à seize millions d'habitans. Staunton en admet trois, et M. W........r deux seulement.

enfin on leva une grande armée qui dissipa ces bandes.

La faiblesse ou l'agitation des derniers règnes, et la simplicité de Chi-tsong, captivé par les lamas, font regarder comme redoutables des invasions de Tatars, qui pourtant à cette époque n'ont guère à leur tête que des aventuriers. En 1540, l'audacieux Yenta, connu par d'autres courses sur le territoire de l'empire, ravage le Chan-si. L'année suivante, il revient à la tête d'un corps plus considérable, et profitant des fautes des généraux qu'on lui oppose, il les défait entièrement. Ses déprédations surpassent celles qui décident la renommée des brigands dans les récits les plus romanesques de nos pays, où il semble que l'espace manque pour le désordre même. Chaque année il emporte la dépouille d'une province; quelquefois il répand la terreur jusque dans la capitale, et c'est seulement en 1549 que sa troupe est maltraitée. Voulant réparer cet échec, il revient avec des forces qu'on ne peut arrêter d'abord, et il menace Pé-king; mais il se retire

avant l'arrivée d'une armée impériale.
On a l'imprudence de traiter avec lui :
quand le pouvoir absolu est faible, sa
faiblesse est extrême, parce que, même
dans le bon usage de sa force, il n'a
inspiré qu'imparfaitement l'amour de
la patrie. Après cet encouragement,
Yenta ravage de nouveau les terres
de l'empire; il lui arrive une fois de
ne pouvoir forcer les passages; mais,
en 1557, il entre avec une cavalerie
nombreuse, et avant d'être repoussé il
rançonne plus de quarante villes. Enfin
il paraît changer d'humeur; il se reconnaît tributaire des Ming, et bien
qu'il ne renonce pas au pillage, on lui
confère le titre de prince.

Des pirates du Japon se montrèrent
sur les côtes; ce n'était pas la première
fois que ces insulaires donnaient des
inquiétudes. Hong-vou avait reçu des
présens de leur roi; mais cette bonne
intelligence avait cessé du temps de
Yong-lo, qui pourtant, la première
année de son règne, prétendit donner
l'investiture au roi du Japon. Une al-
tercation, suscitée par des intérêts de

commerce, ayant fait interdire en 1523 l'entrée de la Chine, non-seulement aux Japonais, mais à tous les étrangers, le trafic continua sous main; un Japonais, trompé, se vengea en faisant une descente sur les côtes du Tché-kiang, et dans les hostilités qui suivirent les Chinois n'eurent pas l'avantage. Les Japonais sont intrépides et entreprenans; ils étaient souvent repoussés, mais toujours redoutables. Que faisait l'empereur? Il cherchait quelqu'un qui lui donnât enfin le breuvage d'immortalité; plusieurs tào-sse y travaillaient, mais ils avaient toujours le malheur de mourir avant que la composition ne fût parfaite. Près de huit cents volumes réunis sur cet objet ne suffisaient pas, ou se trouvaient trop obscurs; il fallait de nouveaux traités : il était donc impossible de s'occuper du sort des provinces maritimes que pillaient les Japonais, et dont ils égorgeaient les garnisons. Voyant approcher la mort, Chi-tsong reconnut hautement qu'on l'avait trompé; il espérait que cette déclaration, publiée partout, servirait à prémunir les princes contre d'autres imposteurs.

Du temps de Chin-tsong, les Japonais font une invasion dans la Corée; les Chinois veulent les expulser, et pendant cette lutte, qui dure sept ans, ils éprouvent des défaites : quelques canons contribuent à la supériorité de leurs adversaires. Les Japonais ne profitent point de cet avantage; des troubles occasionés dans leur pays par la mort de leur chef ou cubo, le fameux Taï-ko-sama, les engagent à se rembarquer, et bien que, du côté des Chinois, les généraux même aient pris la fuite, Chin-tsong, trompé, comme il le voulait peut-être, par des rapports officiels, et supposant que la bravoure de ses troupes a forcé l'ennemi à la retraite, ordonne de grandes réjouissances. Au commencement du dix-neuvième siècle, le prince de Corée, Koui-ouang, était encore tributaire de la Chine. Deux ans avant sa mort, Taï-ko-sama avait rendu un premier édit contre les missionnaires venus d'Europe; la lutte se prolongea et devint sanglante; trente-sept mille insurgés périrent dans une forteresse sur le golfe de Simabara. On avait fait dans ces îles des prosélytes nombreux qui se pressaient trop d'oublier la simplicité évangélique; il semblerait même, si on en croyait un voyageur estimé, que les prélats y avaient de l'orgueil ou de l'avarice, et que les grands du Japon, réduits à marcher derrière ces étrangers, trouvèrent cela peu convenable. Il était difficile d'ailleurs que les bonzes abandonnassent tranquillement leurs anciens priviléges.

Les missionnaires faisaient moins de progrès dans la Chine. Au moment d'y entrer, en 1552, un des plus connus d'entre eux était mort à Macao. Plus heureux ensuite, le père Ricci, accueilli de Chin-tsong, passa dans ce pays ving-huit années. Il était porteur d'une horloge et d'une montre à répétition; ces objets plurent à l'empereur, mais il renvoya au tribunal des rites le placet de ce jésuite, présenté, en 1601, par l'eunuque Ma-tang. Le tribunal répondit : « L'Europe n'a aucune liaison avec nous, et ne reçoit pas nos lois. Les images du Tien-chu et d'une vierge que Li-ma-téou (nom chinois de ce missionnaire) apporte en tribut, ne sont pas d'un grand prix. Il offre une bourse, dans laquelle il dit qu'il y a des os d'immortels, comme si, en remontant, les immortels n'emportaient pas leurs os.... Nous jugeons qu'il ne faut pas recevoir ces sortes de présens. » Ce fut la destinée des missionnaires, dans la Chine, de réussir beaucoup moins par leurs prédications que par des actes profanes. A peine douze ans se sont écoulés que le tribunal des rites, annonçant le besoin d'une réforme dans les calculs astronomiques, observe qu'on fera bien d'employer, à cet effet, quatre étrangers qui possèdent des formules plus faciles et plus sûres; ces quatre missionnaires sont ainsi accueillis à Nan-king. Dès l'année 1629, un mandarin embrasse leur religion; elle ne paraît pas absolument nouvelle à des Chinois habitués à recevoir de l'Occident les dogmes de divers sectaires, dont leur ignorance sans doute les empêche de distinguer les moines de l'Europe.

Les troupes rappelées de la Corée sont envoyées presque aussitôt vers le Ssé-tchuen contre un rebelle, le gouverneur de Pon-tcheou. Depuis huit siècles le commandement de ce canton n'était pas sorti de sa famille ; mais l'ancienneté des titres ne met pas toujours la fidélité à l'abri des tentations ambitieuses. Avant que la paix se fît avec le Japon, Yang-yng-long avait montré beaucoup d'audace ; il fallut une armée nombreuse pour le réduire dans ses montagnes.

On persuade à la cour que les Hong-mao (1) (les Européens de Hollande et d'Angleterre) ont pillé des félouques chinoises, et on l'avertit qu'ils ont fait une descente sur la côte, comme s'ils voulaient s'y établir. Peu de temps après les Tatars donnent des inquiétudes plus sérieuses vers les frontières du nord-est : là commençait la dynastie des Mandchous. En 1619, on envoie dans le Léao-tong quatre divisions, dont trois sont presque détruites. Sous Hi-tsong,

____

(1) Poils-roux.

les Tatars entrent encore dans celte province, et en prennent la capitale ; la mousqueterie des Chinois a peu d'effet, ils rechargent avec lenteur, et les ennemis ont trouvé un moyen de se tenir presque à l'abri du premier feu. On songe ensuite à négocier ; mais le prince tatar, s'arrogeant le titre d'empereur et voulant absolument qu'on traite d'égal à égal, les hostilités recommencent. Taï-tsong donne à ses Mandchous des instructions propres à diminuer leur férocité, tout en leur faisant concevoir de hautes espérances : il se flatte de détrôner les Ming. Les Mandchous mettent en fuite quarante mille hommes campés sous les murs de Pé-king ; ils échouent contre cette ville, mais ils font de grands progrès dans les environs. La faiblesse de l'administration les seconde ; souvent elle devient plus funeste que tout l'acharnement des ennemis. Les troupes sont mal payées ; plusieurs commandans traitent avec les Tatars, et des rébellions éclatent à la fois dans cinq grandes provinces. C'est au milieu des calamités de ces guerres intestines que périt Kaï-fong, ville considérable où les empe-reurs avaient résidé. Elle souffrit tous les maux d'un siége opiniâtre ; la chair des morts ne suffisait plus, on s'y disputait de vieux cuirs. Un général veut secourir la ville, et ne pouvant forcer le camp des assiégeans, il entreprend de l'inonder par la rupture d'une digue ; mais la ville est submergée tout entière, et il y périt deux cent mille hommes dont la persévérance méritait un autre sort.

Taï-tsong gouvernait avec plus d'ensemble et de fermeté ses états naissans et son armée déjà formidable. Pour multiplier les défections chez les Chinois, il adoptait successivement une partie de leurs coutumes, et à d'autres égards il exigeait, après leur soumission, qu'ils imitassent ses anciens sujets. Il multipliait les proclamations, les manifestes ; il invoquait la justice, il proposait la paix. Choqué de la jactance d'un commandant chinois, Taï-tsong l'imite ; il demande que, pour épargner le sang, on vide la querelle des

deux états en choisissant dix mille Chinois, auxquels il n'opposera que mille
Tatars. Si vous craignez, ajoute-t-il,
de sacrifier ainsi dix mille hommes,
n'en exposez que mille, cent des miens
leur apprendront à nous connaître. Ce
Mandchou est proclamé empereur de la
Chine en 1635; mais il ne sera donné
qu'à son neveu de voir ce titre confirmé
dans la Chine même et d'en occuper le
trône.

Le plus entreprenant, ou le plus
heureux des rebelles, étant parvenu à
réunir sous ses lois un tiers des provinces, se fait rendre les honneurs su-
prêmes, et tient un conseil de guerre
pour aviser au moyen de se mettre en
possession du reste de l'empire. En 1644,
il s'empare de Pé-king, les eunuques
l'y introduisent. Hoaï-tsong, dans son
désespoir, s'étrangle, en se servant de
sa ceinture impériale, après avoir envoyé à ses femmes l'ordre de mourir,
et après avoir écrit ces mots : « Je suis
coupable; mais ceux-là ne le sont pas
moins qui m'ont laissé ignorer l'état
des choses. Avec quel front paraîtrai-je

devant mes ancêtres? Mettez mon corps en pièces, mais épargnez le peuple. » Le brave Li-koué-tching, qui eût sauvé la capitale si elle n'eût pas renfermé des traîtres, se défendait encore de rue en rue. Fait prisonnier, il est invité par le rebelle à passer sous ses drapeaux; il y consent à condition que les jeunes princes seront épargnés, et que les derniers honneurs seront rendus à l'empereur et à l'impératrice. Tout lui est accordé; mais dès qu'il sait que le prince héritier se trouve en lieu sûr, il se donne la mort; c'était pour le sauver qu'il consentait à vivre. Ce qui paraît déplorable dans ces sortes d'événemens, ce n'est pas que l'homme vertueux succombe. Que serait-la vertu si le malheur visible ne devenait point son partage? Mais l'incertitude de la fin pour laquelle on se sacrifie pourrait ébranler le cœur le plus droit. La mort de Li-koué-tching ne produisit que du mal; Li-tsé-ching, se croyant ainsi dégagé de sa parole, fit mourir tous les Ming qui se trouvèrent en son pouvoir, et détruisit le palais de leurs ancêtres.

Alors, par un zèle difficile à expliquer, un officier chinois, placé sur les
frontières, les ouvre aux Mandchous,
qui saisissent avidement cette occasion
de marcher sur Pé-king. Il s'en approche lui-même, en renversant quelques troupes de Li-tsé-ching, qui, étant
défait ensuite dans deux journées meur-
trières, retire de la capitale ses immenses richesses, et en sort après y
avoir mis le feu. Ou-san-koueï vole à
sa poursuite ; renforcé par soixante
mille Tatars, il combat l'usurpateur,
dont l'armée est plus nombreuse, mais
qui, après avoir disputé jusqu'à la fin
le champ de bataille, s'éloigne pendant
la nuit.

Ou-san-koueï, maître de la province, commence à craindre davantage ces Tatars que le rebelle même; et,
sans les offenser, il voudrait les congédier. Ce reste d'espérance ne le trompe
pas long-temps ; il est difficile de croire
que des Tatars dont on a eu besoin se re-
tirent loyalement, à moins qu'ils ne
tremblent de rester. Ceux-ci reçoivent
de nouveaux renforts, et le généreux

mais imprudent Ou-san-kouel ne peut s'opposer à ce qu'ils se chargent spécialement de protéger la capitale. Bientôt la consternation y succède au mouvement de joie insensée qui les a fait accueillir comme des libérateurs, et ils mettent leurs soldats aux portes de la ville. La Chine a été plutôt surprise que conquise par les Mandchous. Rarement un grand état succombe lorsqu'il sait opposer aux ennemis toutes ses forces; mais, quand on a livré la capitale, ils peuvent soumettre ensuite les provinces qui tombent dans l'incertitude, ou qui n'ont pas le temps de concerter leurs moyens de défense. Il serait ridicule surtout de prétendre avoir dompté en Europe un pays valeureux, parce qu'après une journée favorable, on aurait promené dans ce pays divisé de nombreux bataillons plus ou moins ouvertement traités en auxiliaires.

Les Mandchous étaient alors sans monarque; Taï-tsong n'avait point de successeur. Ses frères formaient un conseil-d'état. La possession de Péking et l'espoir d'envahir la Chine en-

tière les décident à changer cette forme
de gouvernement; au lieu de se dispu-
ter l'héritage de Taï-tsong, ils nomment son neveu, qui n'a que sept ans,
mais qui donne déjà des espérances, et
qui les réalisera.

Cependant des mandarins, assem-
blés dans Nan-king pour élever à l'empire un descendant des Ming qui pa-
raisse capable de régner dans des temps
si difficiles, invitent à se rendre auprès
d'eux un arrière-petit-fils de Chin-
tsong; l'histoire le nomme Chi-tsou-
tchang-ti. Le choix était mauvais, et
d'ailleurs les divisions de cette cour la
mirent hors d'état de rien entreprendre.
L'étranger était dans Pé-king (1), et

____

(1) Cette ville était déjà considérable il y
a dix-huit siècles. Les empereurs Ming y ré-
sidèrent depuis Tching-tsou; les Mandchous
ne l'ont point quittée. On l'appelle aussi
Ta-tou-fou, la ville de la grande cour, et
elle a eu plus de vingt autres noms; cette
manière si variable de désigner les villes ou
les provinces, ainsi que les règnes, contribue
beaucoup à embarrasser une histoire déjà si
étendue.

tout en se ménageant une retraite vers
les montagnes, l'usurpateur préparait
une défense vigoureuse dans le Ho-nan.
Ou-san-kouei voyait avec une profonde
tristesse qu'il avait livré l'empire ; et
peut-être se fût-il retiré des affaires ;
mais Li-tsé-tching, le croyant découragé, voulut se rapprocher de la capitale, dans l'idée de le réduire à n'être
que son lieutenant, de chasser ensuite
les Tatars, et de rester unique maître.
Ces nouveaux efforts ranimèrent, au contraire, le ressentiment d'Ou-san-kouei.
Tandis que Li-tsé-tching, mal servi,
ou même abandonné des siens, et réduit à errer, sera tué par des paysans,
Ou-san-kouei, sous le titre de pacificateur de l'Occident, titre conféré par
l'étranger, s'efforcera du moins d'établir l'ordre dans le Chen-si, et de rendre
son ancien lustre à la ville de Si-ngan-
fou, dans laquelle il lui sera permis de
vivre en prince.

La cour de Pé-king, ne pouvant décider celle du midi à la reconnaître,
n'hésite plus à l'y réduire par la voie
des armes. Tout plie devant les Mand-

chous; les commandans chinois qui ont assez de troupes les emploient avec bonheur; mais il est impossible de défendre long-temps un prince qui même ne s'informe pas de ce qu'on entreprend pour le soutenir. Lorsqu'on alla dire à l'empereur que les Tatars étaient maîtres du port, il se trouvait à table et hors d'état d'écouter personne. Dès qu'on put lui faire comprendre son danger, il prit la fuite; on le poursuivit, il périt dans le Kiang, et les grands portèrent aux Tatars les clefs de la ville.

Des ambitieux, dont quelques-uns n'étaient pas sans mérite, se disputaient les parties de l'empire que n'occupaient pas les Mandchous; mais tous ces mouvemens n'auraient eu rien de fort inquiétant pour la cour de Pé-king si, dans un conseil de guerre tenu vers le midi, ses officiers n'eussent pris la dangereuse résolution d'obliger, sous peine de mort, les Chinois à se vêtir comme les Tatars, et à se couper les cheveux. Devenus intrépides pour la défense de leur chevelure, les Chinois coururent au-devant de l'armée tatare, qui, malgré la plus forte résistance, est enfoncée, massacrée ou noyée. Mais que pouvaient ces entreprises passagères, et même d'autres tentatives plus constantes? Elles rappelèrent seulement cette vérité que, si un grand peuple est vaincu chez lui, c'est surtout l'effet de ses divisions et de l'incapacité ou du moins des fautes de ceux qui le gouvernent.

3°. Les Tsing, famille mandchoue.

(*Vingt-deuxième dynastie.*)

Les anciens Djourdjit, les Mandchous, appelés Boghdeoni par les Mongols et quelquefois par les Russes, sont des Tounghous qui demeuraient au sud de l'Amur et au nord de la Corée, dont les séparait la longue Montagne-Blanche. Fixés autrefois dans le Leao-tong, ils avaient été connus sous le nom de Kin, ou le surnom de Niutchi. Ils possédèrent, durant plus d'un siècle, la Chine septentrionale; quand les Mongols les en expulsèrent, ils retournèrent se joindre à leurs premiers compatriotes,

et ils formèrent une horde assez considérable à près de deux cents lieues de
Pé-king.

Repoussés de la Chine par les Ming,
au quatorzième siècle, les Mongols reprirent le nom que leur donnent en
général les écrivains asiatiques; ce sont
les Mongols que, du temps de la dynastie des Ming, les Chinois appelèrent
constamment Tatars ou Tha-ta. Quant
aux Mandchous, qui avaient été voisins
des Tatars proprement dits, ils furent
aussi compris sous cette dénomination,
dont les divisions principales sont aujourd'hui les Mandchous, et les Eleuths
ou Kalmouks, mais dont il faut distinguer les peuples occidentaux de Kasan,
d'Asoph, ou des bords de la mer Caspienne.

Les Tatars proprement dits et les
Mandchous paraissent avoir eu pour
ancêtres les Moh-ho, chez lesquels les
premiers Tatars formaient sans doute
une simple tribu, et dont les Mongols
semblent être aussi des descendans. Les
Tatars avaient été connus des Chinois
dès le onzième ou le neuvième siècle;

quelquefois ils avaient été rangés au nombre des tributaires, et même des sujets de l'empire.

La réunion de plusieurs peuplades, tirées de leur pauvreté par le commerce, donna de la force aux Mandchous modernes; leur puissance commença en 1583, lorsqu'ils cessèrent de se battre entre eux, et Taï-tsou-kao-hoang-ti l'affermit, en joignant quarante-sept tribus principales aux dix-sept qui s'étaient déjà réunies. En 1616 il ne voulut plus relever de la Chine, il prit le titre suprême. Cinq ans après il quitta Sing-king, et il s'établit à Mouk-den, ou Shin-yang, aujourd'hui Fong-thian-fou; il en fit sa capitale en 1629, et il y mourut l'année suivante. Il avait conservé beaucoup de ressentiment de la conduite perfide des mandarins envers sa nation, et du meurtre de son père, aux mânes duquel il jura d'immoler deux cent mille Chinois.: ce désir de vengeance paraît avoir été le principe de sa grandeur.

Après neuf années de règne, son fils adopta pour sa dynastie le nom de Taïtsing (l'auguste et pure); ses guerres contre les Chinois l'avaient amené jusqu'à une lieue de Pé-king. Sa mort tarda peu, et elle fut suivie de sept années d'une sorte d'oligarchie, qui paraissait déshabituer ces Tatars de tout projet de conquête; mais les Chinois même ayant invoqué leur appui, et le trône mandchou restant alors vacant, les princes nomment, le 26 mai 1644, le jeune neveu de leur dernier monarque. C'est ainsi que par deux grandes fautes, et comme s'ils pouvaient oublier l'ancien joug des Mongols, quelques Chinois replacèrent pour long-temps sous la loi de l'étranger leur patrie puissante, qui, malgré plusieurs époques désastreuses, avait fait l'admiration des Orientaux, et qui n'a été préservée d'une entière subversion au dix-septième siècle, ainsi qu'au treizième, que par le tranquille ascendant de ses habitudes morales.

— De nos jours les Chinois ne passent point pour valeureux : une grande humiliation, de grands désastres dont on ne se relève pas subitement, doivent diminuer pour des siècles l'énergie d'un peuple. N'ayant pu repousser les Mongols enivrés des triomphes de Tchinghiz-khan, le Chinois n'eut plus de confiance en lui-même ; ce sont les Mongols qui ont ouvert la Chine aux Mandchous : et les premiers, moins heureux, n'ont pas su la garder durant un siècle. Mais des maximes révérées unissaient fortement la nation au milieu de ses malheurs ; elle conserva ses lois, et le sol ne fut point partagé. Ce moyen fondamental ne rend pas toujours invincible ; dans de grandes circonstances, il faudrait un autre mouvement peut-être, il faudrait l'enthousiasme que donne l'amour de la patrie dans un pays libre. Mais du moins une résistance paisible et continue empêche que l'ennemi ne triomphe entièrement ; bientôt elle l'adoucit, elle le captive, et au lieu de détruire la Chine, le Tatar vainqueur devient chinois.

L'importance même de la conquête que les Mandchous méditèrent aussitôt qu'on les introduisit dans la Chine, contribua beaucoup à leur succès ; la circonspection était indispensable, ils le sentirent, et effectivement il s'agissait moins de vaincre que de déconcerter une nation dont les chefs étaient désunis. A l'assurance, qui dès le premier jour leur avait fait prendre ouvertement possession de Pé-king, ils joignirent assez de retenue et de justice pour que la Chine, que des factieux venaient de remplir de leurs fureurs, s'habituât sans beaucoup de peine à une domination, plus funeste sans doute, puisqu'elle devait être plus durable, mais moins alarmante pour les intérêts particuliers (1). Encore aveuglément attachés aux coutumes de leurs ancêtres, les Mandchous se donnaient quelquefois le plaisir de ne laisser rien de vivant au milieu d'une ville emportée d'assaut; mais, une fois soumis, les peuples jouissaient de la sécurité qu'inspire une administration prudente et forte. Les tribunaux de Pé-king subsistèrent sur l'ancien pied; les mandarins conservè-

______

(1) D'après les relations les plus récentes, il paraît que beaucoup de Chinois ne désespèrent point de leur délivrance.

rent leurs emplois, et l'armée des Tatars ouvrit ses rangs à tous les Chinois,
officiers ou soldats.

En 1644, Chun-tchi commence à
gouverner sous ces auspices. Alexis
était sur le point de régner dans le nord,
et Cromwell s'élevait dans l'île lointaine
qui donne maintenant de l'inquiétude
aux Chinois, pour leurs possessions du
sud-ouest. A l'humble cour d'Inno-
cent X, on méditait de plus silencieuses
conquêtes jusques dans leur capitale.
Un enfant, que bientôt la flatterie devait appeler, entre la Moselle et la
Charente, le plus puissant des monarques, se trouvait déjà sur le trône ; enfin
l'Espagne allait reconnaître l'indépendance des Provinces-Unies.

Plusieurs villes se soulèvent en haine
des Tatars, dont l'autorité ne sera uni-
versellement reconnue que vers l'an
1651. Cependant les chefs des mécontens peuvent d'autant moins s'entendre
et concerter leurs opérations, que la
jalousie, l'ambition, l'esprit d'intrigue, altèrent souvent leur patriotisme.

Il s'en faut de beaucoup aussi que le système politique des Mandchous soit suivi sans exception par leurs généraux. Celui qui commandait à Si-ngan-fou, n'ayant que trois mille hommes, et craignant d'être chassé par les nombreux habitans de cette ville, qui avait été long-temps la capitale de l'empire, n'imaginait pas de meilleur expédient que de les massacrer tous ; cependant la fermeté du gouverneur chinois les sauve, et même ils contribuent à repousser les insurgés, que l'arrivée d'un autre corps de Mandchous ne tarde pas à mettre en fuite. La lutte pouvait encore redevenir générale ; l'enlèvement d'une femme dans le Chan-si aurait eu les suites les plus graves si un prince mongol, qui avait promis de se joindre à Kiang-tsaï, n'avait ensuite retiré sa parole. Néanmoins ce chef des insurgés réunit cent mille hommes, reçoit le titre de restaurateur de l'empire, annonce hautement le dessein de remettre les Ming sur le trône, et défait deux armées de Tatars ; après s'être laissé enfermer dans la ville de Taï-tong, où

a commencé le soulèvement, il prend
la résolution de forcer les lignes, mais
il périt dans le combat.

Les Mandchous n'avaient plus à soumettre que les provinces méridionales,
où ils voyaient peu d'union. Un séditieux, homme ignorant et sanguinaire,
désolait le Ssé-tchuen, et s'y faisait
nommer le roi de l'Ouest; il massacra
trente-deux mille lettrés rassemblés par
lui-même, et dans d'autres momens il
immola trois mille eunuques, et deux
mille lamas, auxquels il n'avait également rien à reprocher. Devenu trop
odieux, il chercha une sorte de refuge
dans de nouveaux accès de férocité. On
assure que, quand les Mandchous se
préparaient à l'attaquer, il fit égorger
six cent mille hommes, afin de prévenir
par la terreur les défections dont il était
menacé. Chargées de sang et de cadavres, les eaux du fleuve avertissent le
reste de la province qu'il n'y a de salut
que dans la fuite ou dans l'énergie du
désespoir; mais tous ceux que l'indignation soulève sont détruits. Ensuite
Tchang-hien-tchong tue les troupeaux,

rase les villes et incendie les bois. « Je veux, dit-il à ses soldats, éterniser ma vengeance ; le pays restera inhabitable ; ne regrettez ni les palais ni les récoltes, vous trouverez ailleurs des demeures aussi commodes et des terres aussi fertiles. » Il fallut plusieurs générations pour effacer imparfaitement les traces de ces ravages. Cependant les Mandchous approchent, et le roi de l'Ouest considère que le nombre de femmes attachées à l'armée en embarrassera les mouvemens. On les réunit toutes par ses ordres ; il en conserve vingt pour le service des quatre reines, et les autres disparaissent au nombre d'environ quatre cent mille. Les satellites de Tchang-hien-tchong avaient pour prix de leur extrême docilité l'espoir d'envahir la Chine entière ; mais dans une reconnaissance il est abattu d'un coup de flèche, et cette armée, qui paraissait formidable, se dissipe sans avoir combattu. Voyant les dispositions des peuples, les Mandchous placèrent trois grands de la Chine à la tête des provinces les plus portées à la rébellion, et ils choisirent l'un d'eux parmi les descendans de Kong-tsé.

Le prince de Koueï, dernier héritier des Ming, n'ayant plus d'espoir, se retira dans le Mienkoué, ou royaume d'Ava; mais ses partisans firent en sa faveur des tentatives qui le décidèrent à rentrer dans la Chine, où il trouva la mort. A peine Chun-tchi se vit-il maître de l'empire entier, si on en excepte des parties de la province de Fo-kien, qu'il perdit Tsé-ching-ouang, chef de la régence, et véritable homme d'état. Le jeune prince parut disposé à soutenir le poids des affaires; c'est à lui qu'on doit l'usage encore subsistant, et dont il a fait une loi dès le principe, de placer dans les tribunaux, dans les administrations, autant de Chinois que de Tatars. Mais la suite ne répond pas à ces premières espérances; il néglige pour des fantaisies les soins du gouvernement; il est le jouet des lamas, et les eunuques trouvent en lui leur dernier soutien. Chun-tchi aime trop passionnément une de ses femmes, dont la mort contribue beaucoup à le faire descendre lui-même au tombeau à l'âge de vingt-quatre ans, après avoir reconnu ses torts.

Des envoyés moscovites s'étaient rendus à Pé-king en 1656; mais, soit à cause des difficultés du cérémonial, soit, dit-on, parce que l'empereur voulait que le tzar se reconnût son vassal, l'ambassade s'était retirée sans avoir reçu d'audience. A la même époque les lamas députèrent auprès de Chun-tchi pour obtenir d'être réintégrés dans leurs anciennes possessions. La chute des Ming leur était favorable sans doute; mais les Mandchous avaient conservé la doctrine des Kin, analogue à celle des Chinois même, et au milieu de ceux-ci, ils restèrent moins ignorans que ne l'avaient été les Mongols; ainsi les lamas ne reprirent pas tout leur ancien crédit, malgré l'ascendant qu'ils obtinrent ensuite un moment sur l'esprit d'Yong-tching. Les dernières années du faible règne de Chun-tchi furent troublées par un pirate contre lequel échouèrent quelques détachemens de Tatars, et qui, sans un défaut de vigilance, aurait peut-être enlevé Nan-king, dont il osa faire le siége : il s'établit ensuite, aux dépens des Hollandais, dans l'île de Tay-ouan ou de Formose.

Le jeune prince que Chun-tchi a reconnu pour son héritier lui succède en 1661, à l'âge de huit ans; son règne est désigné sous le nom de Kang-hi, tranquillité parfaite (1). On proclame une amnistie, et la paix est générale. Le chef des eunuques se trouvant accusé de divers crimes, les régens prennent des mesures contre cette classe d'hommes; on en chasse du palais plusieurs milliers, et une loi qui est encore en vigueur les exclut de toutes les dignités comme de tous les emplois : la Chine ne contient maintenant qu'un petit nombre d'eunuques.

Très-jeune encore, l'empereur gouvernait par lui-même, et avec autant de prudence que d'activité; cependant

____

(1) Tels sont ces noms de règne : Yao, très-sublime; Chi-hoang-ti, le premier souverain seigneur, etc.

son âge contribuant à encourager les rébellions, il en éclata plusieurs dans les provinces du sud, et une vers le nord. Satchar, prince mongol de l'ancienne famille impériale, se préparait à marcher sur Pé-king; mais on ne lui en laissa pas le temps : il fut défait et saisi avant d'avoir pu rassembler les forces sur lesquelles il avait compté. Les gouverneurs rebelles du midi se divisèrent, et bientôt il n'y eut de redoutable que le prince de Yun-nan. Ses premiers succès furent rapides; mais, malgré l'empressement du peuple pour se soustraire au joug de l'étranger, Ou-san-koueï, se voyant réduit à ses propres moyens, quant aux opérations militaires, n'entreprit rien qui justifiât la hardiesse avec laquelle il avait accepté le titre d'empereur, et il ne put que se maintenir en restant sur la défensive. La ruine des Mandchous avait paru certaine; mais le jeune Kang-hi surmonta ces difficultés par sa modération et par sa vigilance. Il faut ajouter toutefois que plusieurs actes de son règne furent empreints d'une sévérité

que les anciennes lois pouvaient autoriser, mais que la justice n'exigeait pas.
Un des périls dont triompha le jeune
empereur fut une conspiration des
nombreux esclaves que contenait la capitale ; ils étaient cinquante mille, dit-
on, et ils voulaient chasser les Tatars :
c'est pour cela sans doute qu'on leur
imputa aussi le projet de brûler Pé-
king ; lorsqu'on réussit contre ses adversaires, souffre-t-on que l'estime publique les console ?

On avait remarqué la fermeté de
Kang-hi dès qu'il avait été à la tête du
gouvernement. Il avait fait arrêter et
juger Patourou-kong, un des quatre
membres de la régence dont les pouvoirs venaient de cesser ; ce grand coupable fut étranglé, et ses enfans furent
décapités. Kang-hi était trop jeune,
en 1666, pour qu'on doive lui reprocher de n'avoir pas saisi cette occasion
d'abolir ou du moins de mitiger la coutume inique de punir les enfans pour
les malversations de leurs pères. Cette
loi, dont Paw a trouvé l'origine dans la
Scythie, mais qui est très-ancienne chez

les Chinois, s'étend parmi eux jusqu'au neuvième degré; elle tient à ce principe, favorable au plus extrême despotisme, qui fait envisager le chef d'un peuple comme héritant de l'autorité que le premier homme dut avoir sur le genre humain naissant.

Déjà une nouvelle domination rapprochait pour ainsi dire de la Chine l'Europe, ses arts et sa mobilité; un envoyé russe se rendit à Pé-king, en 1688, et proposa de déterminer les limites des deux états. Kang-hi nomma des commissaires à cet effet, et leur adjoignit comme interprètes deux jésuites; mais malgré une forte escorte, ces plénipotentiaires ne purent se rendre alors à leur destination, parce que les chefs des Kalkas et ceux des Eleuths, qui prétendaient également descendre de Tchinghiz-khan, se faisaient une guerre opiniâtre. Le traité avec les Russes ne fut conclu qu'au mois de septembre 1689. Fédor, ou, selon les Chinois, Fe-yao-to-lo, régnait alors; ils le reconnurent pour le maître de tout le nord de l'Asie.

Dès long-temps quelques hostilités avaient eu lieu entre les Kalkas et les Eleuths; Kang-hi était intervenu comme médiateur. Les derniers menacèrent, en 1677, les provinces du nord-ouest, et ils donnèrent beaucoup d'inquiétude à l'empire durant dix années. Le plus redoutable de leurs chefs se prétendait lié étroitement avec celui des lamas qui était venu à la cour de Chun-tchi, et qui continuait à envoyer des présens à son successeur. L'empereur résolut de mettre enfin un terme à la guerre que se faisaient des Tatars trop voisins de la Chine; après quelques tentatives pour éviter une entière rupture, il voulut marcher en personne contre le khan des Eleuths; mais le dérangement de sa santé l'avait déjà forcé de retourner à Pé-king, lorsque ses troupes remportèrent, en 1690, un premier avantage, dont on ne profita pas autant qu'on l'aurait pu. Toutefois le redoutable Kaldan se hâta de renouer les négociations, et la paix fut conclue cette année; mais, plein d'une juste défiance, Kang-hi ne désarma pas entiè-

rement. Vers le milieu de 1691 , il con-
voqua, dans la Tatarie, les princes
kalkas et mongols qui relevaient de la
Chine; le P. Gerbillon assistait à cette
tenue des états, et il en a décrit le cérémonial.

Cette même année, d'autres jésuites
se plaignirent directement à Kang-hi
d'un vice-roi qui proscrivait, dans sa
province, la religion chrétienne. Depuis
long-temps ces pères s'étaient ménagé
leurs entrées dans le palais, et Kang-hi
leur fut généralement favorable. En
1667, il protégea l'établissement formé
par les Portugais à Macao (Ngan – nan
ou Ngao-men); ils y avaient été reçus
au milieu du seizième siècle, sous la
condition de détruire les corsaires qui
pillaient ces rivages. En 1622, les Hollandais avaient échoué dans une tenta-
tive pour s'emparer de Macao ; les Portugais étaient restés en possession de
l'île sous la dépendance de la Chine.
Dés l'année 1573, les jésuites s'y étaient
établis, et c'est de ce rocher qu'ils se
répandaient dans l'empire, lors même
que le gouvernement s'y opposait. Les

plus instruits d'entre eux furent admis à la cour; leurs connaissances en astronomie les rendaient presque nécessaires dans un état où on tenait beaucoup à calculer avec exactitude les mouvemens des astres, et où souvent ces supputations s'étaient trouvées fautives. Chuntchi avait déjà montré beaucoup d'estime au P. Schal de Cologne; ce jésuite fut président du conseil des mathématiques, à Pé-king, durant la minorité de Kang-hi. Toutefois les missionnaires étant dénoncés alors comme des perturbateurs, on le condamna au supplice; en ce moment un tremblement de terre survint, les régens troublés ne confirmèrent point la sentence. D'autres jésuites faisaient, en 1691, les fonctions de vice-présidens du conseil des mathématiques, et le jeune Kang-hi fut instruit dans les sciences exactes par le P. Verbiest. Le tribunal des rites, auquel Kang-hi renvoya le rapport rédigé contre les missionnaires, jugea, en 1692, que leurs services méritaient des égards quant à la fonte des canons, et que leurs églises pouvaient être tolérées, puisqu'on tolérait celles des lamas ; Kang-hi confirma de la manière la plus solennelle cette décision honorable. Il fit plus : tandis que, malgré l'inquiétude que lui causait le Kaldan, il différait d'en venir contre lui aux dernières extrémités, une fièvre qui le surprit résista aux remèdes des Chinois, mais des jésuites le guérirent avec du kina ; Kang-hi leur donna aussitôt une maison dans l'enceinte même de son palais, et il remit à un d'eux des présens pour le roi de France.

Se voyant rétabli, l'empereur s'occupe vivement des préparatifs d'une guerre qu'il ne croit plus pouvoir différer sans compromettre la dignité de l'empire. En 1696, trois armées, dont l'une doit avoir à sa tête Kang-hi lui-même, et dont la plus nombreuse sera commandée par le grand général Fé-yan-kou, se mettent en marche contre le Kaldan, et de peur qu'il ne se retire vers des lieux inaccessibles, un détachement a ordre de l'attirer dans un canton peu éloigné des frontières. Après un sacrifice pour obtenir l'assistance du Souverain Ciel, et en protestant qu'il n'a d'autre but que le repos de tous les peuples confiés à son administration, l'empereur quitte Pé-king au commencement du printemps, et des jésuites le suivent dans cette expédition, où il montre beaucoup de sollicitude pour le bien-être du soldat. L'approche de l'empereur décide le khan des Eleuths à se retirer; Fé-yan-kou le met en fuite; mais on ne peut le saisir, et Kang-hi, en rentrant dans la capitale, continue de prendre des mesures contre un ennemi assez habile pour ne pas paraître déconcerté d'un semblable revers. On envoie à ce sujet des ordres jusque chez les Tubetains; déjà une partie de leur pays relevait de la Chine, à laquelle restait dévouée une faction qu'on a comparée aux gibelins d'Italie, mais la Chine n'acheva la conquête du Tubet qu'en 1721. Le chef temporel de cette contrée, espèce de lieutenant du Talaï-lama, devait son élévation à Kang-hi; cependant il s'entendait avec le khan.

A la fin de l'année, l'empereur rentra

dans le pays des Eleuths; il voulait absolument l'entière soumission de leur chef. Réduit enfin à éviter le combat, privé de son fils tombé entre les mains des Chinois, abandonné de quelques alliés, sur lesquels il avait compté longtemps, il désespéra de sa fortune : en peu de jours le chagrin, ou peut-être le poison, termina la vie d'un guerrier qui s'était fait craindre de Samarkand jusqu'aux frontières de la Chine, et qui s'était flatté de la conquérir. L'empire jouit alors d'une paix générale ; mais Kang-hi ne devant, disait-il, ses succès qu'à l'assistance du ciel, obtenue par des intentions droites, ne voulut pas prendre le nouveau titre que lui proposaient les grands, ou plutôt les flatteurs.

C'est alors que les jésuites et les dominicains leurs adversaires, ou leurs rivaux, expliquant différemment, sous des rapports essentiels, la doctrine des lettrés, et cette opposition partageant les esprits en Europe, les jésuites s'agitèrent pour obtenir à Rome une décision évasive : ils tenaient beaucoup à permettre aux néophytes les cérémonies ordinaires à l'égard des ancêtres , et en l'honneur de Kong-tsé. Le P. Grimaldi, président du conseil des mathématiques, et trois autres jésuites de Pé-king s'adressèrent à l'empereur même pour déterminer, d'une manière irrécusable , le sens que les lettrés attachaient à des pratiques regardées comme une idolâtrie par les théologiens du parti contraire. L'empereur déclara que les jésuites interprétaient convenablement la pensée religieuse des lettrés ; il approuva leur supplique, que les Dominicains trouvèrent remplie d'équivoques, mais qui était conçue en ces termes : « Nous supplions votre majesté de nous donner des instructions positives sur les points suivans. Les lettrés d'Europe ont appris qu'on pratique en Chine des cérémonies établies pour honorer Kong-tsé, qu'on y offre des sacrifices au ciel, et qu'on observe des rites particuliers à l'égard des ancêtres : persuadés que ces cérémonies, ces sacrifices et ces rites sont fondés en raison, ces lettrés européens, qui en ignorent le véritable sens, vous prient très - instamment de le leur faire connaître. Nous avons toujours jugé qu'on honorait Kong-tsé en Chine comme législateur, que c'était en cette seule qualité, et dans cette unique vue, qu'on pratiquait les cérémonies établies en son honneur. Nous croyons que les rites qu'on observe à l'égard des ancêtres ne sont établis que dans la vue de faire connaître l'amour qu'on a pour eux, et de consacrer le souvenir du bien qu'ils ont fait pendant leur vie. Quant aux sacrifices au Ciel, nous croyons que ce n'est pas au ciel visible... qu'ils sont offerts, mais au maître suprême, auteur et conservateur du ciel et de la terre, et de tout ce qu'ils renferment. Tel est le sens que nous avons toujours donné aux cérémonies chinoises; mais, comme des étrangers ne sont pas censés pouvoir prononcer sur ce point important avec la même certitude que les Chinois eux-mêmes, nous osons supplier votre majesté de ne pas nous refuser les éclaircissemens dont nous avons besoin. »

D'autres missionnaires s'établissent à Ning-po, en 1702; non-seulement c'est un port très-commerçant, et à la Chine les marchands sont, dit-on, plus dociles que les lettrés, mais ce rivage n'est pas éloigné de celui des Japonais, dont les missionnaires ne se prétendent pas expulsés sans retour (1). Clément XI envoie un légat auprès de Kang-hi; cet ecclésiastique est bien accueilli d'abord, mais bientôt l'empereur se refroidit à son égard. Peut-être trouve-t-il mauvais qu'on examine chez les Européens si on autorisera ou si on proscrira sa croyance; peut-être les jésuites, voyant que ce patriarche en apporte la secrète condamnation, contraire à leurs idées, ne la laissent-ils pas ignorer à l'empereur, et peut-être aussi est-il difficile d'expliquer à un Mandchou ce que c'est qu'un légat *à latere*. En butte à toutes les conséquences de l'inimitié des jésuites, et ensuite aux difficultés que lui suscitent les prélats portugais, le légat meurt à Macao, soit de chagrin, soit par un autre accident qu'on ne peut constater. De ces démêlés, que les mandarins so

---

(1) Lettres édifiantes, 26 novembre 1702.

permettent de trouver scandaleux, résulte, en 1706, un rescrit interdisant
aux missionnaires le séjour de la Chine,
excepté en vertu d'une autorisation
formelle qu'on ne pourra obtenir qu'en
approuvant la doctrine de Kong-tsé,
ainsi que les rites au sujet desquels on
vient d'élever ces questions impru-
dentes.

On exigeait aussi des missionnaires
le serment de ne jamais retourner en
Europe; c'est même à cette condition
que l'empereur les chargea de lever le
plan des contrées que traverse la grande
muraille. Ils firent aussi la carte du
Leao-tong. Satisfait de ces travaux,
qu'il était en état d'apprécier, Kang-hi
désira que d'autres missionnaires se
joignissent aux premiers pour exécuter
une carte de tout l'empire; elle fut à
peu près terminée en 1715, et elle est
due surtout à des mathématiciens français. Voulant leur en témoigner toute
sa satisfaction dans un édit, l'empereur
le termine par ces mots:«Je suis convaincu de votre droiture, au point de
dire hautement qu'on doit vous *croire*.

Le P. d'Entrecolles avoue que plusieurs Chinois durent à cette équivoque leur conversion au christianisme; voilà un de ces moyens un peu indirects que la grâce ne dédaigne pas toujours. Quant au P. Ricci, il amorçait les Chinois; il leur montrait diverses curiosités, et pour décider ensuite leur foi, en les prenant par leur faible, selon l'expression vulgaire, il traçait une carte générale dont la Chine occupait le milieu.

Trompé, en 1709, par l'ambition secrète d'un de ses fils, l'empereur traita durement celui qu'il avait désigné pour son successeur, et qui plus tard eut aussi des torts. Mais ces machinations étant dévoilées, Kang-hi en conçut beaucoup de tristesse, et la nouvelle maladie qu'il éprouva fut un nouveau triomphe pour les moines européens : ils eurent encore le bonheur de le guérir.

Durant les années suivantes, et surtout en 1722, le christianisme est proscrit dans le Tong-king, où les missionnaires se sont introduits au

commencement du dix-septième siècle (1); mais, dans la Chine, Kang-hi
les protège ou plutôt les tolère. En 1717,
un mandarin, qui a voyagé et qui connaît le caractère entreprenant des navi-
gateurs européens, cherche à prémunir
l'empereur contre leur ambition, par
une requête où il les appelle les plus
méchans, les plus turbulens de tous
les hommes, et où il observe que leurs
vaisseaux chargés de canons les rendent
très-redoutables. Il accuse surtout les
Hollandais ; il reproche ensuite aux
Européens de s'être introduits dans le

---

(1) Le peuple y est plus superstitieux que
dans la Chine, et les missionnaires y causent
plus d'ombrage encore : là le culte de Fó est
la religion de l'état. Il paraît néanmoins que
cette croyance n'y est pas celle de tous les
hommes instruits; l'historien du Tong-king,
l'abbé R., observe que les lettrés de ce pays,
ne voulant pas renoncer à leurs cérémonies
en l'honneur de Kong-tsé, ont mieux aimé
abandonner le christianisme, tout en recon-
naissant, ajoute-t-il sans beaucoup de vraisemblance, la supériorité de la morale évangélique.

Japon, sous le prétexte d'y enseigner
une doctrine nouvelle, mais en effet
pour se ménager les moyens de l'asser-
vir (1). Ils bâtissent, poursuit-il, des
églises dans toutes nos provinces ; ils
y répandent de l'argent, ils s'y font des
partisans au milieu des basses classes ,
et ils lèvent la carte du pays.

Dans le rapport adressé à l'empereur
au sujet de cette requête, les mandarins, prévenus pour la plupart contre
tout culte étranger, ne manquèrent pas
de conclure qu'il importait d'interdire
l'exercice du christianisme. Les jésuites

---

(1) Des vice-rois du Japon furent conduits
à Rome pour y protester de leur soumission
à Grégoire XIII.

Les jésuites réussirent très-bien au Japon
jusque vers l'an 1630 ; mais alors..... « les
vues ambitieuses de ces pères, et les efforts
prématurés qu'ils firent pour recueillir les
fruits temporels de leurs soins et de leurs
travaux..... irritèrent tellement la majesté
de l'empire, qu'ils excitèrent contre eux-
mêmes, et contre leurs prosélytes, la plus
cruelle persécution..... » Hist. du Japon ,
Kœmpfer, liv. III.

de Pé-king n'obtinrent à cet égard que de légers adoucissemens, et la permission de catéchiser ne fut accordée qu'à près de cinquante missionnaires, qui étaient porteurs de patentes en vertu des rescrits précédens. Les mandarins traitèrent les prosélytes chrétiens comme des séditieux livrés à de méprisables superstitions, et un grand nombre d'églises furent rasées ou profanées. Un autre légat parut, en 1721, devant l'empereur, qui le reçut avec beaucoup d'affabilité, le pressa de faire connaître au pape toute sa satisfaction, et lui dit que désormais l'union allait régner parmi les missionnaires. Le légat paraissait enchanté ; mais ceux d'entre les jésuites qui connaissaient la cour écoutaient avec tristesse ces complimens d'un prince « naturellement enclin à la raillerie. »

Effectivement, deux jours après, le légat reçut un ordre ; le prince avait écrit au bas de la *constitution* apportée de Rome : « Cette espèce de décret ne regarde que de vils Européens ; comment y déciderait-on quelque chose sur la grande doctrine des Chinois, dont ces gens d'Europe n'entendent pas même la langue ? Il paraît assez par cet acte qu'il y a beaucoup de ressemblance entre leur secte et les impiétés des lamas et des Tao-sse, qui ont avec eux des disputes si violentes. Il faut donc défendre à ces nouveaux lamas de débiter leurs fables ; c'est le moyen de prévenir des événemens fâcheux. » Ce rescrit occasiona une discussion assez vive entre le légat et les jésuites de Péking ; ils lui prouvèrent que le meilleur parti qu'il eût à prendre était de quitter promptement la capitale. Dans son audience de congé, le légat fut traité avec douceur, mais l'ironie s'y joignait encore ; l'empereur le pressa beaucoup de revenir un jour, et il promit de protéger la secte de Ta-tsin, pourvu qu'il n'y eût plus de disputes. On prétendit que le légat devait et ces honneurs équivoques et ces déboires plus réels à quelque intrigue des jésuites : comme l'inimitié les accusait de tolérer l'idolâtrie dans la Chine, on les appela la bande d'Isis.

Pendant une autre maladie de Kang-hi, son successeur n'étant pas encore désigné, on craint de longs troubles, et un des premiers mandarins envoie son fils présenter à l'empereur un mémoire, pour le supplier de prononcer à cet égard. L'empereur soupçonne qu'on a fait agir ce personnage ; il excuse la témérité du fils parce qu'il devait obéir, mais il ordonne que le père soit mis à mort. Cependant Kang-hi paraît un des meilleurs monarques qu'on puisse rencontrer dans les annales du pouvoir absolu, et Kang-hi lui-même a dit dans une autre occasion : On ne saurait mettre trop d'importance à la vie d'un homme. Dans son dernier rescrit, il s'est félicité de n'avoir fait mourir personne sans motifs. Mais faut-il que ces motifs soient appréciés arbitrairement par le monarque lui-même ? Où trouver un prince qui ne soit pas responsable de ses actions, et qui pourtant ne commette point d'injustices ; un prince qui n'oublie pas que la mort d'un homme, déjà mis hors d'état de faire résistance, n'est presque jamais nécessaire ? Une autorité sans limites fixes aurait moins d'inconvéniens dans le repos de la vie patriarcale ; mais, quand la tribu s'agrandit, des lois tutélaires deviennent indispensables. Qu'est-ce que l'extension du pouvoir paternel sur des millions d'hommes faits et sur des vieillards (1) ? Un peuple peut-il être considéré comme mineur s'il n'a pas pour

---

(1) Le gouvernement de la Chine a cela de respectable que la morale en est le fondement essentiel ; mais l'autorité de l'empereur, lorsqu'elle s'exerce contre les individus, n'a pas de limites assez marquées. On ne voit point de vraies garanties pour l'indépendance des tribunaux. Il est clair, dit Deshautesrayes, que le gouvernement de la Chine est modelé sur celui d'une grande famille, et que tout s'y règle par l'autorité paternelle.

Un fils, est-il dit dans le Li-ki, ne peut rien posséder du vivant de son père, et il ne peut disposer de sa personne..... Quand l'empereur va chez un de ses sujets, il monte par l'escalier de l'Orient, et il s'assied à la première place, pour montrer qu'il est le père commun, et que tout lui appartient dans la grande famille de l'empire.

chefs des êtres d'une intelligence supérieure à celle de l'homme? Que ces
réflexions ne surprennent pas à l'occasion de l'illustre Kang-hi. Du temps
des meilleurs princes, on sent mieux le
vice des institutions qui les trompent
eux-mêmes. Sous les mauvais rois,
toutes ont été visiblement imparfaites,
parce qu'effectivement nous n'en avons
jamais eu que d'insuffisantes; mais
celles-là sont condamnables qui ten-
draient à égarer le sage même, s'il
entreprenait de régner. C'est naturellement et sans abus qu'on tirera d'un
principe erroné des conséquences funestes : l'arbitraire est conforme à l'instinct sauvage, c'est le vœu de l'é-
goïste ; mais l'union sociale supposerait
une loi toute contraire. Dans la Chine,
les tribunaux même se bornent presque
à manifester la volonté du prince, et
leurs membres sont moins des juges
que de simples rapporteurs; aussi beaucoup de rigueurs y ont-elles pour principe le droit de faire grâce : on rend
des sentences plus sévères, afin que
l'empereur, qui pourrait les sanctionner

toutes, ait quelquefois l'avantage de se montrer clément.

Au mois de novembre 1720, Kang-hi reçoit un ambassadeur de Pétersbourg, et l'année suivante ses troupes battent les Eleuths. Les révoltés de Tay-ouan sont aussi comprimés; on attribue leur soulèvement aux Hollandais, mais cette supposition est démentie dans les lettres des missionnaires. Ce sont les derniers événemens mémorables du long règne de ce contemporain d'Aurengzeb, de Louis XIV, et de Pierre Ier. En célébrant ses vertus, l'histoire lui reproche quelques fautes ou quelques erreurs. Il accorda trop de confiance à Tchao-tchang, homme avide et rusé qui fut ensuite puni par Yong-tching, comme ayant trempé dans un complot du P. Moram, jésuite portugais, en faveur de Sessa-ké, le moins estimé des fils de Kang-hi : sans avoir lu peut-être l'histoire de Constantin, ce mandchou favorisait un culte nouveau pour avoir un parti qui le plaçât sur le trône.

Kang-hi était dans sa soixante-dixième année lorsqu'au milieu de la paix générale, s'amusant à chasser le tigre en Tatarie, auprès du parc du Printemps éternel, il fut saisi d'un vent glacial qui abrégea ses jours; il mourut le 20 décembre 1722. On trouve la réflexion suivante dans un testament un peu verbeux, mais qu'on ne pourrait lire sans un grand intérêt si l'authenticité en était certaine, et par lequel Kang-hi doit avoir laissé la couronne au quatrième de ses fils, qui la porta en effet. « Pour un empereur, la vraie manière de révérer le ciel est de procurer aux hommes le repos et l'abondance; de traiter les uns selon leur mérite, et les autres avec bonté; de faire son propre bien du bien de l'univers, et son propre cœur du *cœur de l'univers.* » Kang-hi, ou Ching-tsou-gin-hoang-ti avait un extérieur noble, une âme grande et ferme, une instruction solide, un esprit vif, un jugement sain, une mémoire heureuse; il était frugal, laborieux, vigilant, et il excellait dans les exercices du corps : les Chinois et les Tatars trouvaient également en lui les qualités auxquelles ils attachaient le plus d'importance, et les Européens l'ont appelé le Léon X de la Chine. Peut-être faut-il attribuer en partie le mérite de Kang-hi, et de ses deux premiers successeurs, à la nécessité bien comprise de satisfaire à la fois les deux nations pour travailler à les unir; un prince n'est digne de ce nom que si des circonstances particulières, ou sa propre sagesse, le décident à s'occuper moins de sa cour que des besoins des peuples, et de leur juste approbation. Dès sa jeunesse Kang-hi avait été très-studieux; il se plut à instruire lui-même ses enfans, et ses leçons ont été recueillies, en 1731, par son successeur sous le titre d'instructions familières et sublimes (1).

Agé d'environ 40 ans, ce prince, qui monte sur le trône au commencement de 1723, adopte pour nom de règne Yong-tching, ou droiture perpé-

---

(1) On en trouve la traduction, en italien et en français, dans les *Mémoires concernant les Chinois*, t. IX. Kang-hi a laissé beaucoup d'autres ouvrages.

tuelle. On retrouve en lui la vigilance, les bonnes intentions, la physionomie imposante de son prédécesseur; les missionnaires sont assez justes pour en parler ainsi, quoiqu'il se déclare contre le christianisme. Un autre fils de Kang-hi, le quatorzième, avait des talens remarquables; il avait dirigé la dernière guerre contre les Eleuths, et d'après ses grands succès on croyait généralement que l'empire lui était destiné; mais son absence même empêcha Kang-hi de le choisir lorsqu'il se sentit près de la mort : il eût craint des dissensions si le trône fût resté vacant. Yong-tching le conserva, mais avec peu de sécurité; il porta très-loin la défiance à l'égard de ce frère, qu'il retint captif, ainsi que son fils, sans même les réunir pour leur consolation.

Un chrétien du Fo-kien ayant abjuré en 1723, présenta une requête contre le culte qu'il venait d'abandonner. Ce fut le signal de l'expulsion des chrétiens; on veilla de plus près à l'exécution des réglemens de 1717, et dans l'arrondissement de la seule ville de Fou-ngan on démolit dix-huit églises élevées à grands frais. Ces pauvres gens, disaient des mandarins qu'on pouvait avoir prévenus contre eux, sont avares pour toute autre chose; mais quand il s'agit de ces sortes de dépenses, ils vendent leurs héritages, « et le démon de l'illusion court à ces temples où les hommes et les femmes se parlent à voix basse dans de petites chambres obscures. »

Une supplique des missionnaires de ce canton accrut leur malheur; ils alléguaient maladroitement que ces églises avaient été construites par l'ordre de Kang-hi : de petites impostures faciles à constater ne sont pas profitables. Yong-tching se conforme dans son rescrit aux désirs des mandarins. Les missionnaires qui paraissent utiles sous quelques rapports sont tolérés à la cour, et on relègue les autres à Macao, mais avec des escortes pour les garantir de toute insulte. Les missionnaires de Pé-king s'adressent à un frère d'Yong-tching, et n'en obtiennent que cette réponse : «Nous n'allons pas en Europe imiter votre conduite. Vos disputes sur nos coutumes vous ont beaucoup nui ; il ne manquera rien à la Chine quand vous cesserez d'y être.» Les jésuites, qui désiraient du moins que leurs confrères ne fussent pas envoyés à Macao, demandaient qu'on leur permît de s'arrêter à Koang-tcheou ; ils en donnaient une raison différente de leur vrai motif, qui était de conserver un pied sur le continent de la Chine : cette restriction mentale amusa l'empereur. Au moment où ils l'espéraient le moins, il les admit en sa présence ; mais il leur dit : «.... J'ai dû pourvoir au désordre excité dans le Fó-kien ; c'est une affaire de l'empire..... Que diriez-vous si j'envoyais dans votre pays une troupe de lamas ?.... Du temps de votre confrère Ricci, vous étiez en petit nombre, vous n'aviez pas des disciples et des églises dans toutes les provinces. Ce n'est que sous le règne de mon père que vous vous êtes étendus avec rapidité : nous le voyions alors, et nous n'osions rien dire ; mais si vous avez su tromper mon père, n'espérez pas me tromper de même.... Vous voulez que tous les Chinois se fassent chrétiens, et votre loi le demande, je le sais; mais alors que deviendrons-nous? les sujets de vos rois. Les gens que vous captivez ne reconnaissent que vous ; dans un temps de troubles ils n'écouteraient pas d'autre voix que la vôtre. Je sens qu'actuellement il n'y a rien à craindre; mais si les vaisseaux arrivaient ensuite par milliers, il pourrait y avoir du désordre... Je vous permets de demeurer ici et à Koang-tcheou, autant de temps que vous ne donnerez aucun sujet de plainte. S'il y en a par la suite, je ne vous laisserai ni ici ni à Koang-tcheou. Je ne veux point de vous dans l'intérieur des provinces. L'empereur mon père a beaucoup perdu dans l'esprit des lettrés à cause de la condescendance avec laquelle il a souffert vos établissemens. Ne vous imaginez pas que j'aie de l'inimitié contre vous, ou que je veuille vous opprimer.... Ce que je fais c'est en qualité d'empereur. Mon unique soin est de bien régler l'empire, je m'y applique du matin au soir ; je ne vois même ni mes enfans ni l'impératrice, mais uniquement ceux qui sont chargés des affaires publiques, et cela durera autant que le deuil, qui est de trois ans (1). Plus tard, je pourrai peut-être vous voir comme je le faisais. » Yong-tching persista dans ces dispositions, et s'il jugea convenable de donner un titre honorifique à un savant missionnaire qui approchait quelquefois de sa personne, plusieurs eunuques reçurent la même faveur.

L'abondance des pluies ayant causé une grande disette dans trois provinces, l'empereur en soulagea les malheureux avec beaucoup de sollicitude. On établit ensuite des greniers publics dans le Chan-si, un des cantons les plus exposés aux mauvaises récoltes. Yong-tching fit aussi plusieurs réglemens, soit pour la répression des abus, soit pour la réforme des mœurs ; et, ce qui seul honorerait son nom, il voulut que toute sen-

---

(1) La durée du grand deuil n'est plus que de cent jours.

tence portant la peine capitale fût présen-
tée trois fois à la sanction de l'empereur.

Il reçut, en 1727, un ambassadeur
portugais qui prit des précautions pour
que les présens offerts au nom de son
maître ne fussent pas désignés comme
un tribut selon l'usage de l'empire.
Deux fois sous le règne du premier
prince mandchou on avait regardé
comme un hommage les simples complimens des Turks; la cour de Pé-king
n'a pas encore renoncé à ces prétentions. D'autres difficultés furent élevées
sur le cérémonial par D. Metello; il
voulait rester aussi libre en cela que
venait de l'être l'ambassadeur russe;
ainsi la Russie et le Portugal étaient
considérés, il y a moins d'un siècle,
comme deux puissances du même ordre.

Le règne de Yong-tching fut assez
paisible pour laisser l'attention se porter sur les événemens relatifs aux missionnaires. Ces détails occupent la plus
grande place dans les mémoires de ce
temps, rédigés par les Européens; et
on n'en a guère d'autres, puisqu'une
des garanties particulières à l'histoire

de ce pays est l'usage de n'écrire les annales d'une famille impériale que quand une autre l'a remplacée. Quelques fauteurs de la révolte de Sessa-ké furent dénoncés comme chrétiens ; l'empereur préféra qu'on les punît comme rebelles ; cependant on cherchait aussi à les faire abjurer. Le fils de l'un d'eux, Outchen, resta inébranlable dans sa foi. Mécontent de la manière dont on l'interrogeait, Yong-tching dit aux présidens des tribunaux : « Outchen se moque de vous, et il a raison ; vous l'avez mal questionné, faute de comprendre mes intentions. Le Tien-tchu des chrétiens et le Tien des Chinois sont le même : toutes les nations honorent le Tien, mais chacune a ses rites particuliers. Le Tien des Mandchous s'appelle le Tiao-chin ; nous avons nos coutumes, les Mongols, les Chinois, les Européens ont les leurs. Outchen se fâche, comme si on voulait qu'il cessât d'honorer le Tien ; j'ai dit seulement qu'étant mandchou, il devait suivre les rites des Mandchous. Il était de la famille impériale, et il a préféré la loi chrétienne à celle de ses ancêtres; non-seulement il a violé les lois de l'empire, mais il a offensé le Tien même. »

On trouvera de l'exagération dans ces derniers mots : ils sont du pontife, mais ce qui précède appartient à l'empereur. C'est en qualité de pontifes que les autocrates de la Chine ont joint aux ordres contenus dans leurs rescrits tant d'exhortations paternelles. Il faut observer que la réunion de ces fonctions n'a point les inconvéniens de la théocratie dans un pays où la base des institutions est morale, et non dogmatique. La politique y est religieuse, comme la politique doit l'être : la Divinité n'y intervient pas dans les choses humaines selon l'ordre temporel, ce qui exigerait de téméraires interprétations. Malgré ce qu'on pourrait inférer de cette dernière réflexion de Yong-tching, les divers cultes sont librement admis dans l'empire lorsqu'ils n'excitent pas de troubles.

Deux églises, que les jésuites avaient conservées à Pé-king, furent renversées par le tremblement de terre qui, en 1730, y fit périr plus de cent mille habitans. L'empereur montra beaucoup d'humanité dans cette circonstance; quelque peu favorable qu'il fût à la religion chrétienne, et quelque faible qu'il eût pour le lamisme, il donna aux jésuites de Pé-king de quoi rebâtir leurs églises. Cependant au mois d'août 1732, les missionnaires, soufferts jusqu'alors à Koang-tcheou, reçurent l'ordre d'en sortir pour jamais. Les requêtes qu'ils présentèrent n'eurent d'autre effet que de leur attirer une seconde sommation plus dure que la première; on leur reprochait de n'avoir pas rempli les conditions mises à leur séjour dans la ville, d'employer leur argent à séduire les pauvres, d'encourager la fainéantise des hommes et des femmes, de changer leurs mœurs, et de les faire vivre comme des brutes. En s'embarquant pour Macao, ces trente missionnaires emmenaient, sous différens prétextes, environ cinq cents Chinois, qu'on arrêta, et qu'on jeta dans les prisons de Koang-tcheou; il paraît même que douze d'entre eux y reçurent la bastonnade. Les jésuites voulaient absolument que du moins un ou deux des leurs résidassent à Koang-tcheou, afin d'entretenir, disaient-ils, leur correspondance de Pé-king avec l'Europe; ils eurent soin de faire entendre à l'empereur que, si la loi chrétienne ne prescrivait pas à la vérité une sorte de culte des ancêtres, loin d'empêcher de les honorer, elle le recommandait. Alors Yong-tching, qui aimait l'exacte justice, parut curieux d'être mieux instruit de leur doctrine; ils espéraient donc adoucir les mesures prises contre eux, mais, le 7 octobre 1735, l'empereur mourut.

Il est au nombre des princes dont on a parlé le plus diversement. Ces opinions contradictoires sur un règne pacifique de près de treize années, dans un empire où le monarque public de fréquentes exhortations, témoignage de sa pensée la plus intime, et où son influence rencontre si peu d'obstacles, est bien propre à diminuer l'autorité de tant d'autres jugemens historiques. Souvent parce qu'on a cessé de dis-

puter, on prétend que les doutes sont
éclaircis : peut-être fait-on bien de se
lasser de douter, mais ne pourrait-on pas
aussi se lasser d'affirmer? On trouve dans
les *Lettres édifiantes* que Yong-tching
s'était rendu odieux au peuple comme
aux grands ; mais, selon la remarque
de l'éditeur de la traduction du Tong-
kien-kang-mou, il est difficile de concilier cette avarice qu'on lui reproche
avec les travaux utiles qu'il entreprit, et
avec les sommes immenses qu'il dépensa
pour soulager les indigens. « La religion
chrétienne proscrite dans ses états ; les
missionnaires chassés des provinces,
exilés d'abord à Koang-tcheou, et ensuite à Macao ; la crainte continuelle
où étaient ceux à qui on avait permis
de rester à Pé-king d'être à chaque
instant renvoyés pour toujours de l'empire ; enfin l'espérance des Européens
de voir revivre sous un nouveau règne
ces jours de faveur et de protection
qui avaient lui avec tant d'éclat sous
celui de Kang-hi : ces motifs réunis
leur firent envisager la mort de Yong-
tching comme un retour de bonheur. »

Yong-tching, n'ayant point laissé de fils nés d'une impératrice, l'aîné de ses autres enfans, âgé de vingt-cinq ans, lui succéda en 1736. Il parut aussi juste, aussi bon, et plus indulgent ou moins soupçonneux que son prédécesseur : il eut pour nom de règne Kien-long (grand par lui-même).

Au moment où les missionnaires espéraient tout du nouveau règne, un mandarin fut cause qu'ils reçurent l'ordre de s'embarquer pour l'Europe, à l'exception de ceux que leur habileté dans les sciences faisait tolérer au milieu même de la capitale. On rechercha et on tourmenta les chrétiens; mais, comme cette interdiction ne venait point de l'empereur même, ils lui représentèrent, dans un mémoire, que Kang-hi avait autorisé par l'édit de 1692 l'exercice de leur culte : ils obtinrent peu de chose. Cependant la considération que Kien-long témoignait aux jésuites de Pé-king aurait suffi pour adoucir les mauvais traitemens auxquels leurs disciples étaient exposés dans les provinces ; mais un Chinois, devenu chrétien, s'était chargé de baptiser en secret, et moyennant une redevance, tout ce que renfermerait de malades l'hospice des enfans trouvés : cet incident fournit un prétexte plausible pour de nouvelles rigueurs qu'on exerça en 1737. Les missionnaires adressant de nouveau à l'empereur même leur justification, le tribunal des crimes allègue que ce serait le renversement des lois de vouloir soustraire aux décisions de l'autorité compétente les prosélytes des Européens ; et d'ailleurs, ajoute-t-il, cette doctrine d'Europe inspire beaucoup d'adresse pour tromper les gens. Ces termes sont vagues ; mais Kien-long, approuvant le tribunal, déclare aux missionnaires qu'on les laisse personnellement libres de suivre leur culte, et qu'ils n'ont rien de plus à demander.

Les Européens répliquent, et ils ont recours à des subtilités ; ils disent qu'il ne leur suffit pas d'être libres dans leur culte, qu'ils veulent le prêcher, que c'est pour eux une nécessité, que d'ailleurs leur religion examinée solennellement à la Chine ayant été trouvée bonne (et véritable, ajoutent-ils), on ne doit défendre à personne de la suivre. Kien-long sourit; pour le dissuader d'une entière tolérance, les mandarins lui rappelaient les événemens du Japon. Il se contenta de laisser les jésuites libres comme particuliers, sans les protéger positivement comme chrétiens, de sorte que l'animosité des gouverneurs de province ne fut réprimée que faiblement. Toutefois d'autres missionnaires s'étant introduits dans des villes, où ils catéchisaient pendant la nuit, la plupart des mandarins fermèrent les yeux sur ces contraventions, parce qu'ils savaient qu'au milieu de la capitale les nouveaux convertis fréquentaient librement les trois riches églises bâties par les jésuites. On continuait à leur laisser ce privilége dans Pé-king, à cause de leurs connaissances en mathématiques et de leur adresse dans plusieurs arts (1). On fut sévère dans

______

(1) Une mappemonde, tracée sur une grande échelle par le P. Benoit, sera regar-

le Fo-kien, où les dominicains avaient des établissemens. Le caractère entreprenant du peuple de ce canton (1) inspirait des craintes pour l'avenir; cette province était d'ailleurs en relation avec les Philippines, et on prétendait que l'Espagne avait fait la conquête de ces

---

dée comme une des principales curiosités des fêtes qui auront lieu à l'occasion de la cinquantième année de Kien-long, vainqueur des Eleuths : il sera très-satisfait de cette carte et des globes qu'il fera faire ensuite.

(1) Les Chinois qui vont commercer dans des pays étrangers appartiennent surtout à cette province, ou au district de Koang-tcheou. Quelques-uns vont jusqu'au Brésil; on en voit beaucoup aux Philippines, à Siam, au Japon, dans l'île de Bornéo, ainsi qu'à Batavia, où ils se font remarquer par des mœurs paisibles. Mais, dans leurs établissemens hors de l'empire, on assure qu'il n'y a jamais de femmes de leur nation : ce grand peuple paraît n'avoir songé à établir aucune véritable colonie. C'est surtout l'exportation de la soie qui, depuis des siècles, les a conduits sur les rivages du grand Archipel méridional, et plus tard sans doute dans les îles qui sont à l'orient de Nan-king et de Pé-king.

îles au moyen de l'argent semé par les missionnaires. Cinq dominicains espagnols, déguisés et cachés dans un village, sont mis à la torture ; le vice-roi de Fo-kien les condamne à être décapités, et Kien-long confirme cette sentence en 1747. L'honneur du martyre n'est pas propre à refroidir le zèle des missionnaires ; leurs disciples deviennent plus nombreux qu'ils ne l'ont été dans les temps d'indulgence.

Un parent de ce khan des Eleuths, qui avait résisté à Kang-hi, venait de se rendre formidable à son tour. Il avait profité de l'inquiétude que donnait à Yong-tching la réputation acquise par un de ses frères dans la Tatarie, et, voyant ensuite le prince chinois rappelé à Pé-king, il avait cessé de dissimuler ; mais Yong-tching mourut avant de châtier les Eleuths. En 1755, les généraux de Kien-long prirent et envoyèrent à Pé-king un des principaux chefs de ces Tatars ; mais Taoua-tsi avait un compétiteur à qui il fallut faire aussi la guerre, et qui mit dans son parti les Hasaks ou Cosaques. Les généraux de Kien-long, se laissant abuser, perdent tout le fruit de leurs premiers succès; l'empereur en condamne plusieurs à la mort; il prend la résolution de poursuivre la guerre avec vigueur. La bonne conduite de Tchaohoeï commence à réparer ces désastres, et bientôt les divisions des chefs des Eleuths décident leur ruine. Celui contre lequel on était le plus irrité se réfugie en Sibérie, où il tombe malade et meurt promptement. Kien-long fait demander à Pétersbourg qu'on lui envoie les ossemens de ce rebelle, mais Élisabeth ne le permet pas. On se borne à les montrer aux envoyés chinois; on leur dit que c'est chez les Russes une loi inviolable de ne pas exposer à l'ignominie le corps d'un infortuné qui a cherché un asile sur leurs terres.

Les Eleuths sont défaits de toutes parts jusque dans la Petite-Boukharie et dans le pays des Hasaks. L'empereur partage toutes ces tribus en quatre grandes principautés, et il prend beaucoup de soins pour assurer l'ordre, ou même le bonheur dans ces vastes ré gions; mais, quelque doux que soit le joug, il déplaît à ces Tatars, surtout parce qu'il les empêche de se battre les uns contre les autres, et de se livrer au brigandage. Alors les révoltes de plusieurs khans sont punies avec une grande sévérité, tandis que l'empereur récompense les Tourbets, qui demeurent fidèles, et qui contractent des habitudes pacifiques. Au nord de l'ancien Imaüs, les Mokammedans de Yerquen et de Kasgar sont soumis; Tchao-hoeï s'informe scrupuleusement des tributs qu'ils peuvent payer, et il laisse dans leur pays des garnisons composées de Mandchous et de Chinois. La guerre est ainsi terminée en 1759 (1); du fond de son

---

(1) Cet empire n'a point connu d'époque plus brillante. Les lieutenans d'Houpilaï avaient porté ses étendards plus loin vers le couchant; mais il avait été moins l'empereur de la Chine que le khan des Mongols; au contraire, Kien-long a dû aux Chinois une grande partie de ses triomphes. Il n'est pas vraisemblable que le royaume de la Grande Splendeur s'accroisse désormais. La Russie est trop forte et trop inquiète pour qu'il

palais, Kien-long a dirigé en partie les opérations de la campagne. Le succès importait d'autant plus qu'il avait en-

---

subjugue de nouvelles tribus du côté de ses frontières septentrionales. Les Indes pourront éprouver de grandes vicissitudes, mais l'art moderne de la guerre s'y est introduit : si l'An-nan doit tomber comme autrefois au pouvoir de l'étranger, sans doute le vainqueur viendra du couchant et non du nord.

Sous Kien-long la Chine proprement dite renfermait dix-sept grandes provinces, en comprenant le Leao-Tong, que d'autres dénombremens plus récens paraissent en avoir détaché, conformément à sa situation. Les seize autres grands mandarinats sont, du nord au midi, le Pe-tche-ly, le Kong-so, le Sin-gan ou Chen-si, le Chan-si, le Chang-tong, le Ho-nan, le Kiang-nan (c'est-à-dire le Ngan-hoeï et le Kiang-su), le Ssé-tchuen, le Hou-Koang (c'est-à-dire le Hou-nen et le Hou-pé), le Kiang-si, le Tché-kiang, le Koeï-tcheou, le Yun-nan , le Kam-si, le Fo-kien, le Koang-tong. Ces provinces sont d'une étendue et surtout d'une population fort iné-gale ; mais on compte dans la plupart d'entre elles autant d'hommes qu'en Espagne ou dans le royaume de Naples. Quant au Chang-tong, on lui donne vingt-cinq millions d'habitans.

trepris, contre le sentiment de tous les grands, cette expédition un peu hasardeuse ; aussi le vit-on punir durement

---

Les deux parties réunies du Kiang-nan paraissent en contenir plus de quarante-six millions. Le Yun-nan et le Ssé-tchuen sont montagneux et faiblement peuplés ; néanmoins on trouve dans le Yun-nan des vallées très-fertiles. Le Chen-si, le Kam-si, le Fo-kien et le Koang-tong renferment beaucoup de rochers stériles. Le Kiang-nan formerait seul un état riche et florissant ; la température y est heureuse, ainsi que dans le Tché-kiang. Le Ho-nan, moins heureusement situé pourtant, a été appelé le jardin de la Chine. Le Chang-tong et le Hou-koang sont très-fertiles, mais on voit encore, dit-on, dans le Koeï-tcheou des hordes farouches et des terres incultes. Le Po-yang-hou, dans le Kiang-si, province unie et sablonneuse, paraît être le plus grand lac de l'Asie méridionale. L'ancienne Chine n'a point de sommets aussi élevés que les montagnes que l'on rencontre au sud-ouest du Tubet, ou au nord du désert de Cha-mo ; mais ces deux chaînes, les plus hautes de l'ancien monde, et peut-être du globe, se trouvent placées en tout ou en partie dans les dépendances de l'empire. Au milieu des provinces méridionales prospèrent de simples négligences. Kien-long était bon, mais il y avait trop d'arbitraire dans l'autorité que nul ne lui contestait, et sa position semblait l'autoriser à se dire : Qu'est-ce qu'un homme devant les convenances de ma gloire ?

Un de ceux qui, sans posséder de grands talens militaires, avaient rendu le plus de services contre les Éleuths, mérita une simple réprimande ; il fut condamné à la mort. C'était un homme rempli de zèle pour son pays, et sa vertu le sauva : le sort a quelquefois de ces bizarreries. Un courrier chargé de la sentence était parti de la capitale depuis cinq jours, lorsque de vives représentations obtinrent de Kien-long la

---

la canne à sucre, et toutes les variétés de l'oranger, tandis qu'au-delà du Hoang les rivières se couvrent de glace durant quatre mois. Sans être plus rapprochés du tropique, divers cantons de la Tatarie soumise à la Chine, derrière les sables, vers le couchant, jouissent d'une température plus favorable que celle de Pé-king, refroidie par l'abondance du nitre, et par la proximité des montagnes.

grâce refusée jusqu'alors ; mais le prince
y mit pour condition que le fils du vieillard qui la demandait en porterait l'ordre. Ce nouveau courrier n'aurait pu
arriver assez tôt, si l'exécution n'avait
pas été différée d'après la demande du
prétendu coupable. « Vous voyez, avait-
il dit à celui qui commandait sur les
lieux, qu'il me faut quelques jours encore pour terminer un travail duquel
peut dépendre le salut de l'armée ; pre-
nez sur vous ce simple retard, puisqu'il
n'est point question de mes intérêts. »
Le gouvernement de Kien-long paraissait doux et généreux dans les circonstances ordinaires ; presque toujours
il était paternel et vigilant. Une inondation subite, en 1742, détruit une
grande partie de la ville de Yen-tcheou ;
l'empereur y envoie de l'argent, du
riz en abondance et des secours de
tout genre. Après la défaite des Eleuths,
lorsque le grand-général revient de
leur pays, l'empereur s'avance à sa rencontre jusqu'à cinq lieues de Pé-king ;
et, par une faveur toute particulière,
il lui présente une tasse de thé, sans

souffrir que Tchaô-hoeï la reçoive à
genoux. Le plus célèbre de ses lieutenans est moins heureux; Fou-té a dé-
tourné une partie de la paie des troupes,
et il a commis plusieurs fautes graves
sur lesquelles on cesse de fermer les
yeux, lorsqu'un sentiment de jalousie
le rend l'accusateur du célèbre Akoui;
en 1776 : l'intrépide Fou-té est puni de
mort.

Akoui a servi d'abord sous le général Fou-té; c'est un Mandchou instruit,
prudent et brave, dont l'empereur de-
vine tout le mérite, et qu'il charge de
diriger la guerre contre les Miao-tse; il
obtiendra des succès constans, le règne
de Kien-long en recevra un nouvel
éclat. Connus sous ce nom de Miao-tse,
les montagnards du Ssé-tchuen et de
quelques provinces du midi vivaient
dans l'indépendance depuis un temps
immémorial; ils ne se trouvaient sous
la juridiction des mandarins que quand
ils descendaient dans les plaines pour
y trafiquer. Ce sont ces peuplades établies dans des rochers presque inaccessibles qui ont fourni à quelques au-

leurs des objections assez vaines contre la civilisation, ou contre la grande population de la Chine. Toutefois ces tribus même ne sont point sauvages; elles nourrissent d'excellens chevaux et un nombreux bétail; elles fabriquent des tapis de soie; elles se procurent en vendant leurs bois des buffles, dont la peau se change dans leurs mains en cuirasses artistement revêtues de petites plaques de cuivre. Ces montagnards paraissent fiers et vindicatifs; ils se querellent souvent entre eux; ils aiment, dit-on, par-dessus tout la vie de partisans, et on les accuse aussi d'inconstance ou de perfidie. Une telle liberté ne pouvait se concilier avec le repos du peuple dans les plaines voisines. On avait bâti des forts à l'entrée des défilés, on prévenait ainsi les excursions que les Miao-tse se seraient permises en l'absence des troupes réglées; mais, pour trouver l'occasion de faire valoir leurs services, les officiers de ces garnisons harcelaient eux-mêmes les Miao-tse, qui, dans leur ressentiment ne pouvant attaquer les forts, cherchaient à surprendre et à piller les villages. Alors on obtenait un ordre de marcher contre eux, et, après quelques démonstrations de guerre, on écrivait que tout était pacifié ; on recevait des éloges ou des récompenses ; cette guerre sourde se prolongeait, et le paisible cultivateur en souffrait de génération en génération.

Cet état de choses n'échappe pas à la pénétration de Kien-long. Deux chefs des Miao-tse et du Ssé-tchuen fournissent l'occasion de les soumettre tous ; ils osent maltraiter les officiers de Kienlong, et, ce qui est regardé comme le dernier des attentats, ils déchirent l'ordre impérial. La résolution est prise de réduire promptement ces rebelles, qui de leur côté se préparent à la résistance ; ils regardent comme impossible de franchir malgré eux les gorges de leurs montagnes. Telle est l'expédition pour laquelle l'empereur jette les yeux sur Akoui, de préférence aux officiers généraux dans lesquels il ne voit pas réunies au même degré la circonspection et l'audace.

Le nouveau général fait tout pour

justifier ce choix ; il ne se dissimule point la difficulté de l'entreprise. Il trouve le pays dénué de chemins, coupé de précipices, couvert de forêts ; les habitans ont des armes à feu, et des bourgs fortifiés ; on ne pourra empêcher leurs voisins du sud-ouest de leur fournir des secours, et les troupes seront réduites à porter à travers des rocs stériles leurs vivres et leurs munitions. Akoui demande les pouvoirs les plus étendus ; il réunit un grand nombre d'hommes pour les transports, et il introduit ainsi dans ces montagnes une quantité de métal divisé en petits lingots, afin de fondre sur les lieux les pièces d'artillerie qu'on ne pourrait y traîner. Les bataillons s'avancent avec beaucoup de réserve, et non sans éprouver des pertes ; mais ils parviennent enfin à s'établir devant Karaï, place réputée imprenable, et où se défend jusqu'à la dernière extrémité le jeune et brave mais cruel Sonom, le chef le plus puissant des Miao-tse. En se voyant pressé avec autant de prudence que de vigueur, Sonom demande une suspension d'armes; on veut qu'il se soumette entièrement. Il rejette ces conditions; et, vingt jours après, il est réduit à se rendre sans pouvoir en stipuler aucune.

Akoui reçut la ceinture jaune, et le manteau à quatre dragons en broderie d'or, tel que le portent les princes titrés de la famille impériale. L'arrivée de ce guerrier à Pé-king, en 1776, fut un triomphe pareil à celui qu'on avait décerné peu de temps auparavant à Tchao-hoeï, le vainqueur des Eleuths. Mais aux fêtes succéda un spectacle différent; on le croyait propre à retenir par la terreur tous ceux qui auraient des projets de rébellion. C'était une ancienne coutume, heureusement tombée en désuétude; on persuada trop facilement à Kien-long d'en déployer l'appareil. Sonom et les autres principaux captifs sont appliqués à la torture et livrés au supplice; condamnés à l'esclavage, les autres prisonniers sont distribués dans les provinces. Une clémence qui n'eût entraîné aucun danger n'eût-elle pas été plus digne de

Kien-long que ces exécutions faites sous ses yeux même, et qui forcent à dire qu'on retrouvait encore l'instinct des vieux Tatars dans le génie de ce grand monarque ?

Une autre circonstance mémorable avait contribué à la gloire de son règne. Les Eleuths-Tourgouths, vulgairement nommés Kalmouks, s'étaient retirés précédemment sur les terres des Russes, vers l'Oural, qu'ils appelaient le Jaïk, dans le pays d'Etchil, ou du Volga; mais, outre que la Russie exigeait des Tourgouths beaucoup d'hommes pour le service militaire, on détestait dans cet empire là religion des lamas, qui était celle des Tourgouths, et qui n'avait au contraire que trop de partisans chez les Chinois, habitués d'ailleurs à la tolérance. En 1770, le nouveau khan des Tourgouths décida leur retour sur les terres de la Chine ; lorsqu'ils y arrivèrent l'année suivante, après une marche de plus de mille lieues, ils étaient encore au nombre de deux à trois cent mille, en comptant les femmes, et ils manquaient de tout. Après avoir pris la précaution de fortifier quelques points importans du territoire qu'on leur assignait, l'empereur pourvut à leurs premiers besoins ; il leur fit distribuer des terres, des bestiaux, ou même de l'argent, et il reçut avec beaucoup de bienveillance leurs chefs, lorsqu'étant remis d'une si grande fatigue ils purent se présenter à Pé-king. L'année suivante, d'autres Tourgouths, dont les hordes avaient été dispersées, se rendirent aussi sur les bords de l'Ily. Sans doute le culte de ces peuples avait la plus grande part à cette préférence qu'ils donnaient hautement aux coutumes de la Chine ; cependant elle ne parut pas moins glorieuse pour Kien-long que la défaite et la soumission des principaux Eleuths douze ans auparavant. Mais, de toutes les faveurs dont le comblait le sort, la plus grande dans l'imagination de la multitude, ce fut le châtiment des Miao-tse, entreprise qui avait passé pour chimérique durant des siècles.

Pour mieux célébrer ces triomphes, Kien-long rappelle des exilés ; il pardonne aux déserteurs, il accorde des gratifications au grand collége, ainsi qu'aux troupes en garnison dans les districts de la capitale, il fait monter en grade les mandarins. A l'imitation des plus illustres de ses prédécesseurs, Kien-long attribue ses heureux succès aux vertus de ses ancêtres. Il a encore sa mère; il lui montre la plus grande déférence, et il fait en son honneur une cérémonie solennelle, qui consiste à transporter dans le palais de l'impératrice la feuille d'or où sont gravés ses titres honorifiques. Elle meurt l'année suivante, ainsi que l'aîné des fils de Kien-long; presque en même temps il perd Chouhedé, son premier ministre, auquel succède le vainqueur des Miao-tsé, Akoui, dont l'intégrité dans ces nouvelles fonctions augmente la gloire. Ces chagrins même deviennent pour l'empereur l'occasion de répandre des grâces; il exempte d'une année de tribut toutes les provinces dont il forme trois séries, afin que le service public n'en souffre pas, et que le sacrifice se réduise chaque année au tiers des recettes ordinaires : c'est la troisième remise de ce genre qu'il accorde dans l'espace de trente-deux ans.

On admirait surtout dans Kien-long sa manière d'administrer : plus laborieux, plus raisonneurs que guerriers, les Chinois sentaient le prix de son application aux affaires, de sa bienfaisance, de sa piété filiale et de son exactitude comme pontife du seul culte antique que professent aujourd'hui des millions de familles. Les Mandchous, qui appartiennent à l'extrême Orient, conservèrent aussi un culte simple. Plus occidentaux, la plupart des Mongols ne rejetaient pas les idoles, et ils croyaient aux incarnations de Fô. Les Chinois éclairés méprisaient les Mongols : les nouveaux Tatars sont plus forts dans la Chine, on les hait seulement.

Kien-long aimait les sciences et les arts ingénieux ; il peignait, il faisait bien les vers, et on lui doit l'établissement d'une bibliothèque considérable. Son poëme sur Moukden, l'ancienne capitale des Mandchous, renferme une description pittoresque du Leao-tong (1).

____

(1) On y distingue, sur l'aspect de la mer,

Aspirant sans doute à servir de modèle
en toutes choses, cet empereur enno-
blissait par des vues d'utilité générale
un art frivole en lui-même; il n'a choisi

---

un morceau que Macpherson eût pu attribuer en grande partie aux bardes calédo-
niens. L'abbé Grosier a donné un extrait de
ce poëme, et Amiot l'a traduit. Il est en
mandchou, à la bibliothèque royale à Paris,
sous ce titre : *Eloge de Moukden écrit par
l'empereur*. Le poëme, gravé sur le monument qu'on éleva en mémoire de la soumission des Eleuths, est aussi de Kien-long; on
en trouve la traduction dans le t. 1ᵉʳ des
Mémoires concernant les Chinois.

On sait qu'à l'occasion du recueil des poé-
sies de Kien-long publiées à Pé-king, et qui,
dit-on, ne sont pas toutes de lui, Voltaire
adressa ses complimens à ce *charmant roi
des fertiles rivages.*

Non-seulement l'imprimerie est connue à
Pé-king, mais on publie un recueil périodique
dans Koang-tcheou, qu'un incendie a ravagé
en 1822, mais qui sera long-temps encore
une ville florissante, à cause de sa situation.
Les vieilles et fortes maximes de la *doctrine
immuable* n'exclueront pas les connaissances
positives et le mouvement littéraire de l'Europe.

ordinairement que des sujets dignes d'occuper un personnage sur lequel tous les yeux s'arrêtent, et il a consacré beaucoup de temps à des travaux historiques dans l'intérêt de sa patrie.

Tandis qu'on commençait à s'agiter pour des fins heureuses sur les plages de l'Amérique, on jouissait de la paix dans la partie du monde soumise aux Mandchous. Cependant une révolte éclata au milieu du Chen-si, et des chrétiens, ayant célébré avec peu de discrétion une de leurs principales fêtes, on sévit contre eux. Quoiqu'on ne trouvât rien de plus à leur reprocher, on conclut que leur religion étant un *chemin gauche*, on avait droit de les condamner au bâton et à la cangue. C'est ainsi que prétendent régler les mouvemens de la conscience, et la diriger dans la voie droite, les esprits faux qui ne sentent pas que l'autorité des lois s'arrête où finissent les actes positifs de la vie présente. L'empereur n'était pas intolérant, mais des mesures de sûreté mal prises exposaient les chrétiens à cette sorte de persécution. En

1785, la plupart des missionnaires se trouvant en prison depuis un an, Kien-long les fait élargir. Ils ne sont coupables, dit-il lui-même, que d'avoir enfreint le réglement qui leur a interdit l'entrée de la Chine. Sous le règne suivant les chrétiens seront aussi inquiétés, particulièrement dans le Ssé-tchuen, parce qu'on leur attribuera, non sans vraisemblance de l'aveu des Européens même, d'étroites liaisons avec les mécontens qui paraissent nombreux dans cette province et dans le Chen-si. Plus tard un gouverneur du Ssé-tchuen déclarera qu'en 1811 deux mille familles auront abjuré ce qu'il appellera la religion dépravée. Sans punir directement les chrétiens, à cause de leur culte, on les considérait comme une classe particulière : sous tous les rapports il eût mieux valu leur ôter la tentation de n'être plus citoyens. Reconnaître qu'ils pouvaient former une corporation dans l'état, c'était les rendre dangereux s'ils étaient déjà forts, ou, s'ils étaient faibles, c'était les livrer aux suites de l'animadversion des mandarins, et de la jalousie de quiconque travaillait dans les anciens ateliers de la superstition.

Le Tichou-lama, lieutenant du Talaï-lama, et dépositaire du pouvoir temporel, avait paru trop favorable aux Anglais, dont les établissemens dans les plaines du Gange commençaient à éveiller l'attention des Chinois; Kienlong, donnant une fête au sujet de sa soixante-dixième année, en prit occasion de mander auprès de lui ce vice-roi du Tubet, qu'il reçut dans sa maison de chasse de Tzé-ho-eul, au nord-est de Pé-king, mais qui mourut ensuite dans cette capitale. L'empereur écrivit à ce sujet, en 1779, au Talaï-lama, qui aurait pu écouter les soupçons répandus sur le genre de mort du prince tubetain. Vers cette époque mourut aussi le plus illustre des lettrés modernes, Yumin-tchong, à qui l'empereur donnait depuis quarante ans sa confiance comme à un secrétaire intime. Quant aux affaires générales, elles continuaient à être administrées par Akoui, il fit exécuter de grands travaux pour soustraire aux inondations une partie étendue des bords du Kiang et du Hoang.

L'heureux Fou-kang-nan termine, en 1789, contre les montagnards de Tay-ouan, une guerre qui vient de coûter à la Chine cent mille hommes, et qui est suivie d'une expédition assez inutile contre le Tong-king. L'île de Tay-ouan, soumise en grande partie depuis deux siècles, a été ravagée au mois de mai 1782 par les eaux de la mer soulevées au moment d'une explosion volcanique ; et, durant les trois années suivantes, quelques provinces du continent ont souffert d'une extrême sécheresse : dans ces diverses circonstances, Kien-long a veillé avec zèle au soulagement du peuple.

Lorsque Macartney, ambassadeur de George III, fut reçu à Pé-king avec plus d'honneurs que de confiance, les soins du gouvernement ne paraissaient pas encore fatiguer l'empereur. Il avait quatre-vingt-trois ans, et il projetait d'abdiquer deux ans après ; il ne faisait pas connaître le successeur qu'il adoptait, mais il portait la sollicitude pour le bien général jusqu'à préférer de ne quitter le pouvoir qu'après l'éclipse qu'on attendait alors : il songeait que dans les premiers momens d'un règne, ce phénomène serait regardé comme de mauvais augure par beaucoup de Chinois. C'est en février 1796 que Kien-long, laissant le trône à Kia-king, son dix-septième, ou, selon d'autres, son quinzième fils, choisit un palais entouré de jardins agréables, pour y achever, dans le silence dont on a enfin besoin, cette carrière remplie honorablement durant un cycle entier.

Le règne de Kia-king est moins fortuné. En 1798, il apprend le soulèvement de quatre provinces. Les rebelles, soutenus en secret, dit-on, par cette partie du peuple qui a reçu la croyance des missionnaires, repoussent les troupes impériales; la détresse des finances fait recourir à des expédiens inconnus jusqu'alors, et il faut huit années pour éteindre cette sédition. Les Tatars se sont toujours crus mal affermis dans la Chine. Sur ce trône où les malheurs publics ont placé Chun-tchi, Kia-king se sent menacé, soit par une sorte d'inquiétude européenne déjà répandue dans les esprits, soit surtout à cause de l'inimitié qui subsiste entre les Chinois et les Mandchous. Ainsi peut s'expliquer la faiblesse ombrageuse qu'on lui reproche, et qui n'aura pas été vue avec indulgence par les Anglais, après la réception faite à lord Amherst en 1816.

Les Chinois concevront de nouvelles alarmes pour leurs frontières vers les Indes, si les Anglais, aujourd'hui protecteurs de Gumbheer-sing, remportent des avantages sérieux sur les Pieds-d'Or, c'est-à-dire sur le Seigneur de la terre, de la mer et des éléphans, sur le prince des Birmans, contre qui on envoie de Calcutta une armée de vingt mille hommes, mais qui peut être appuyé en secret par d'autres Européens puissans dans l'Asie. Déjà le Tong-king, réuni aux contrées plus méridionales que les Chinois ont aussi possédées autrefois, reste détaché du grand empire : c'est de Pé-king que le hardi Ong-nguyen-chang a reçu d'abord l'investiture; mais peu de temps après il s'est attribué le titre d'empereur de l'An-nan.

Une circonstance est favorable à l'indépendance de ce pays. Kia-king, et ensuite son fils, second successeur de Kien-long, redoutent les entreprises qui diviseraient leurs forces; ils voient avec inquiétude des sociétés dont l'objet est moins peut-être une entière régénération politique qu'un changement semblable à celui qui substitua, en 1368, les Ming à une famille étrangère. Toutefois des mandarins affirment, au rapport de Staunton, que depuis un certain nombre de générations il existe en Chine des associations opposées aux principes monarchiques; la police de Pé-king n'a point de preuves contre elles, mais ceux qu'on soupçonne d'en faire partie sont aussitôt condamnés à l'exil. On ajoute que la Déclaration des droits de l'homme a été traduite dans un idiome des Hindous, et qu'on l'a répandue dans l'Orient; on conjecture qu'elle fera beaucoup plus d'impression sur les Chinois, qui sont plus entreprenans que les peuples des Indes, et qui voient avec impatience combien il est difficile d'obtenir justice contre ceux qui exercent le pouvoir au nom des Tatars.

Dans une de ses proclamations, Kia-king désignait, sous le titre d'*illuminés de la céleste raison*, les mécontens qui avaient menacé presqu'à la fois, en 1813, et le palais impérial même, et une province éloignée. « Les troubles de mon règne, disait Kia-king, doivent avoir leur source dans mon peu de vertu. Je veux m'examiner devant le Génie-Suprême, afin d'écarter les ressentimens des peuples. Que tous mes officiers redoublent d'efforts pour le bien du pays et pour corriger mes défauts. » Un journal anglais vient de parler, en 1824, de quelques tentatives d'une *société du ciel et de la terre* dans le Fo-kien, et d'une société de la *triple alliance* dans les provinces occidentales. Ainsi se propage, jusqu'aux extrémités du continent, l'esprit des peuples qui aiment à franchir les mers : la présence des Anglais entre le Kiang et l'Indus doit avoir des suites incalculables, et contraires en partie à leurs desseins même.

La Chine n'a éprouvé jusqu'à présent que les premiers symptômes d'une de ces révolutions utiles à la fois et redoutables, qui, d'âge en âge, changeront les dispositions des races, aussi nécessairement que se renouvellent sans cesse les individus. La constance, qui semble particulière à quelques nations, annonce seulement l'inégale durée de ces périodes. Il importait sans doute que les progrès de l'industrie ne captivassent que successivement les différentes régions ; ce qu'elle produit chaque jour des deux côtés de la Manche doit faire comprendre que, sans les obstacles opposés par la coutume, et si puissans quelquefois, l'empreinte inconsidérée de nos fantaisies sur toute la surface du globe exigerait peut-être un nouveau cataclysme avant l'époque marquée dans les mouvemens des cieux.

La Chine est le principal monument vivant de l'antiquité. Sous ce rapport du moins, la jeune Europe doit étudier avec intérêt le caractère, affaibli peut-être, mais estimable du Chinois, plus instruit qu'érudit, et plus sage qu'ingénieux; paisible, humain et timoré du moins par habitude; trop contenu, mais susceptible d'impressions fortes; privé, pour ainsi dire, de franchise et de valeur par les circonstances où il se trouve, et pourtant capable de l'enthousiasme le moins vain, de celui qu'atteste le dévouement; sensible et poëte à peu près comme tous les Orientaux, et adroit à sa manière; avide d'harmonie, sans avoir connu nos accords; embarrassé, mais soutenu par une langue féconde, très-différente de toute autre (1); inférieur à vingt peuples dans l'art du dessin, comme dans l'art de guérir, mais admirable par sa transmission des plus simples, des plus nobles idées religieuses; exempt des

____

(1) C'est l'ancienne langue hiéroglyphique dont les clefs, ou caractères fondamentaux, en grand nombre, au lieu d'être simplifiés ensuite comme dans les alphabets que la moyenne antiquité nous a transmis, au lieu de s'unir pour former des mots, restent détachés et subissent par conséquent des modifications innombrables. Il en résulte une langue énergique, mais difficile à écrire, difficile à

préjugés des castes, ainsi que de l'administration des prêtres; assez indulgent pour avoir toujours mitigé l'esclavage; mais non pas assez juste pour
l'abolir, et docile enfin sous des princes
absolus, en supposant qu'ils daigneront
toujours déclarer que l'intérêt public
fait leur seul droit.

Peut-être pensera-t-on qu'il eût fallu
parcourir moins rapidement les derniers
temps de la Chine; mais, considérée
comme moderne, elle n'exciterait pas
une curiosité proportionnée à son importance dans le cours des âges. Sous
ces méridiens éloignés, un demi-siècle
amène peu de changemens dans l'aspect
de la société, ou dans les succès de l'esprit, et durant ce demi-siècle il n'y eut
d'historiques, pour ainsi dire, que les

apprendre, et à laquelle la parole n'a pu
se conformer : perpétuel obstacle d'où pro-
vient, sans doute, l'espèce d'uniformité des
opérations de l'esprit chez un peuple qui en
général ne paraît pas manquer d'aptitude.

Les Chinois ont conservé l'usage, vraisemblablement primitif, d'écrire par colonnes,
et de droite à gauche.

deux rivages d'un autre océan. Des Anglais et des Français ont commencé au Nouveau-Monde, ils ont déterminé, dans l'Europe même, un degré de civilisation indiqué dès long-temps; au lieu d'une certaine majesté des souvenirs, peut-être aura-t-on l'avantage, moins romanesque, de cesser d'aimer ou de regretter les illusions. L'influence diverse de Vienne, de Londres, de Rome, de Pétersbourg, l'ascendant plus sûr encore d'une autre capitale, les destinées de Lima, de la Vera-Cruz, de Caracas, absorbent l'attention du public européen; il ne s'occupera pas autant de l'orgueil des Mandchous, et de la soumission équivoque des vieux peuples du plus populeux des empires. Toutefois on sentira que les principales leçons de l'histoire sont les mêmes à l'extrémité de la terre, et qu'il faudrait des principes, avoués par la raison, pour régler les grands intérêts de cette famille des humains à qui la raison fut donnée. Mais, dans les temps orageux, les hommes remuans ou cupides remplissent la scène; dans les temps paisibles s'élèvent des gens souples, astucieux, sans caractère : c'est par les uns ou par les autres que trop souvent on juge les nations. Elles paraissent méprisables quand on a la faiblesse de leur attribuer principalement leurs fautes les plus funestes, et leurs travers les plus invétérés, quand on oublie qu'il est rare de rencontrer chez leurs différens guides, et le génie, et la droiture, ou la justice, plus grande que le génie même.

FIN.

TABLE.

C'est par erreur qu'on a supposé, dans le préambule, que l'usage du septième jour consacré au repos n'avait pas été connu des Chinois.

Il est dit, dans le discours préliminaire du Chou-king publié par Deguignes : « Chin-nong (regardé comme le successeur de Fo-hi, et comme l'inventeur du labourage), institua des fêtes pendant lesquelles on devait s'abstenir de visites, de procès et de promenades. C'est, d'après Lo-pi, ce qui est rapporté dans l'Y-king, au symbole Fou : Le septième jour les anciens rois faisaient fermer les portes des maisons, etc..... cela s'appelle l'ancien calendrier. »